Alexandra Eck

Lerntheke Grundschule Mathematik 3/4

Größen und Messen

Differenzierungsmaterialien
für heterogene Lerngruppen

Mit veränderbaren Kopiervorlagen auf CD-ROM

Die Autorin des Bandes

Alexandra Eck studierte an der Pädagogischen Hochschule in Schwäbisch Gmünd und arbeitet heute an einer Grund- und Werkrealschule.

Bildquellen

Alle Fotos fotolia.com: **S. 10:** Fußball © Smileus, Weizenmischbrot © womue, T-Shirt © airdone, Kleinwagen © tournee, Laufschuhe © Spofi, Eis © stockphoto-graf, Kinderfahrrad Jungen Blau © Apart Foto, Teddy Bear © PhotographyByMK, Bleistift © ra2 studio, Schulranzen © Coprid, Aufgeschlagenes Buch © Markus Mainka, KINOKARTE © Coloures-pic; **S. 20:** Smartphone weiß auf Geldscheinen © babimu, Geschenk mit roter Schleife © eyetronic, Mindestlohn © DOC RABE Media, preisschild #1 © Flexmedia, Sparschwein © ag visuell, Ticket-Zoo © Butch; **S. 24:** messband © Schlierner, Zollstock © Schlierner, Geodreieck © Denis Junker, Tachometer © Donnerstag, Bügelmessschraube © micha_h; **S. 36:** 3,50 Meter © Klaus Eppele, Col de l'Iseran © Christa Eder, Hunde © DoraZett, Hagel © swa182, Vater Mutter Kind © Christian Müller, größenvergleich reis © Stefan König; **S. 40:** Personenwaage © dudek, Küchenwaage digital © Rokfeler, Kofferwaage © Jürgen Fälchle, Tafelwaage © steinerpicture, Briefwaage © Ramona Heim, Küchenwaage © picsfive, Schalenwaage © GordonGrand; **S. 46:** Füller © al62, Laptop © karandaev, Sonnenbrille © siraphol, Skateboard © Dave9, Fotoapparat © Deyan Georgiev, Maus © Iosif Szasz-Fabian, Schwarzwälderkirschtorte © unpict, Fahrradhelm © bpstocks, Katze © Eric Isselée; **S. 49:** Plastikeimer © mbongo, Giraffe © vencav, Hund © cynoclub, Europalette © Tilo Grellmann, Löwe © Eric Isselée; **S. 53:** Ameisen mit Kugel © Antrey, Elefantenfamilie © markoflaherty, Waage mit Äpfeln © Werner Fellner, Hanteln © ivanbaranov, Junge mit Stein © HaywireMedia, Waage © Gina Sanders; **S. 57:** Jahresringe © Cpro, Tachometer © amssess, Blutdruckmessgerät © Dirk Gordziel, Mondphasen © dlognord, Sanduhr © SSilver, Armbanduhr © Dmytro Sandratskyi, Kalender © RRF, Eieruhr © Piotr Marcinski, Metronom © volkerladwig, Stoppuhr © Gina Sanders; **S. 75:** Anzeigetafel © osterwelle; zeitzone © seen; Parkscheibe © by-studio, Kalender © a_korn, Hund mit Wecker © javier brosch; **S. 80:** Brotdose © HandmadePictures, Zahnstocher © Fotofermer, Braunes Frühstücksei © babimu, Zahnputzbecher © IrisArt, Suppenkelle 4 © GuS; **S. 94:** Containerschiff © Ralf Gosch, Benzinpreis Anzeige © AK-DigiArt, Wasserzähler © DOC RABE Media, Plastikmülltonnen © Christian Maurer, Planschbecken © ARochau, Eisbehälter © eldorado

Projektleitung: Franziska Wittwer, Berlin
Redaktion: Daniela Brunner, Düsseldorf
Umschlagkonzept: X-Design, München
Umschlaggestaltung: LemmeDESIGN, Berlin
Illustrationen: Steffen Jähde, Sundhagen
Layout/technische Umsetzung sowie Programmierung/Umsetzung der CD-Materialien: zweiband.media, Berlin

www.cornelsen.de

1. Auflage 2014

© 2014 Cornelsen Schulverlag GmbH, Berlin

Druck: freiburger graphische betriebe

ISBN 978-3-589-16392-2

 Inhalt gedruckt auf säurefreiem Papier aus nachhaltiger Forstwirtschaft.

Inhalt

Vorwort – Hinweise für die Lerntheken-Arbeit

Bei der Lerntheke handelt es sich um eine offene Unterrichtsform. Im Unterschied zum Stationenlernen oder zum Lernzirkel werden die Materialien auf einer „Theke" ausgelegt und bauen nicht aufeinander auf. Die Schüler wählen aus den zur Verfügung stehenden Materialien diejenigen aus, die sie bearbeiten möchten, und bestimmen selbst die Reihenfolge der Bearbeitung. Daher kann mit einer Lerntheke ein hoher Grad an Differenzierung in einer Lerngruppe erreicht werden.

Grundsätzlich kann eine Lerntheke in allen Phasen einer Unterrichtssequenz zum Einsatz kommen. Die vorliegenden Materialien eignen sich jedoch vor allem **zum Üben und Wiederholen**, meist weniger für die Neudurchnahme. Sie enthalten Aufgaben in **verschiedenen Schwierigkeitsgraden**, die der Festigung des Stoffes dienen und dabei das unterschiedliche Lerntempo sowie die individuelle Leistungsfähigkeit der Schüler berücksichtigen. Gerade in **heterogenen Lerngruppen** ist die Arbeit mit einer Lerntheke daher besonders lohnenswert. Da Aufgaben für **unterschiedliche Lerntypen** zur Verfügung stehen, befassen sich die Schüler nicht nur kognitiv, sondern auch optisch und spielerisch mit einem Thema. Zudem können durch die Arbeit in **abwechslungsreichen Sozialformen** stärkere Schüler die weniger leistungsfähigen unterstützen und ihnen dabei helfen, ein größeres Pensum zu schaffen, als sie das ausschließlich in Einzelarbeit könnten. Wie beim „Lernen durch Lehren" profitieren alle Schüler von diesem System der gegenseitigen Unterstützung (s. auch „Helfersystem").

Während der Arbeit an einer Lerntheke füllt jeder Schüler einen Selbsteinschätzungsbogen aus, der Aufschluss gibt über

- das erledigte Pensum innerhalb der vorgegebenen Zeit sowie
- die Selbsteinschätzung des betreffenden Schülers.

Sie als Lehrkraft können aus den Eintragungen in den Selbsteinschätzungsbögen erkennen, welche Themen kaum Probleme bereiten und bei welchen Inhalten viele Schüler Schwierigkeiten hatten, sodass sie diese nach der Durchführung der Lerntheke im Klassenverband nochmals aufgreifen können. Die Kopiervorlage für den Selbsteinschätzungsbogen finden Sie auf Seite 6. Er kann für jede der fünf Lerntheken eingesetzt werden (auf der beiliegenden CD finden Sie eine veränderbare Vorlage).

Vorbereitungen für die Lerntheke

Vor Beginn der Arbeit sollten Sie die Klasse ausführlich darüber informieren, wie die Lerntheke funktioniert. Dabei müssen Sie an manchen Stellen vorab entscheiden, wie Sie die Arbeit organisieren wollen.

- **Bedeutung der Symbole:**
  Die Schüler erfahren, welche Sozialformen es gibt (je nach Symbol auf dem Arbeitsblatt Einzel-, Partner- oder Gruppenarbeit) und wie sich die Schwierigkeitsgrade voneinander unterscheiden: ein Stern für leicht zu lösende Aufgaben mit einem hohen Grad an Reproduktion; zwei Sterne für Aufgaben, die mehr Eigenleistung erfordern; drei Sterne für anspruchsvolle Aufgaben mit einem hohen Anteil an Eigenleistung.

  ⭐ Schwierigkeitsgrad 1

  ⭐⭐ Schwierigkeitsgrad 2

  ⭐⭐⭐ Schwierigkeitsgrad 3

  👤 Einzelarbeit

  👥 Partnerarbeit

  👥👥 Gruppenarbeit

- **Bildung der Gruppen:**
  Sie müssen klären, ob es feste Gruppen und Paare für die Gruppen- bzw. Partnerarbeit gibt oder ob sich die Schüler immer wieder neu in Arbeitsgruppen zusammenfinden, je nachdem, wie es der Verlauf der Bearbeitung erlaubt. Das entscheiden Sie je nach Situation in Ihrer Lerngruppe. Einige Übungen werden wahlweise als Einzel- oder Partnerarbeit angeboten. In diesem Fall können die Schüler entscheiden, ob sie die Übungen lieber allein oder zu zweit bearbeiten. Es besteht selbstverständlich auch die Möglichkeit, dass Sie sich im Vorfeld für eine Arbeitsform (Einzel- bzw. Partnerarbeit) entscheiden und diese verbindlich vorgeben.

- **Zeitlicher Rahmen für die Bearbeitung:**
  Wie viel Zeit steht für die Lerntheke zur Verfügung? Fünf oder mehr Unterrichtsstunden erscheinen sinnvoll.

- **Selbstkontrolle der Ergebnisse mittels der Lösungsblätter:**
  Wo finden die Schüler die Lösungen und wie verfahren sie, wenn es Probleme bei der Korrektur ihrer Resultate gibt? Können sie sich nur an die Lehrkraft wenden oder auch Mitschüler um Hilfe bitten (s. auch „Helfersystem")?

- **Ausfüllen des Selbsteinschätzungsbogens:**
Die Schüler sollen für jede erledigte Übung ein Kreuz in die passende Spalte auf dem Selbsteinschätzungsbogen eintragen. Dabei ist es wichtig, dass jeder Schüler ehrlich zu sich selbst ist. Verdeutlichen Sie der Klasse, dass Sie aus den Eintragungen im Selbsteinschätzungsbogen wichtige Schlüsse über den Kenntnisstand der Schüler und den weiteren Verlauf der Unterrichtsarbeit ziehen können: Was läuft gut, was weniger gut? Wo sind noch „Nachbesserungen" notwendig? Wahrheitsgemäße Eintragungen sind daher für alle Beteiligten hilfreich. Eine Vorlage zum individuellen Anpassen finden Sie auf der CD.

- **Helfersystem:**
Nutzen Sie während der Lerntheke-Stunden das Helfersystem (Vorlage siehe Seite 6), damit sich die Schüler gegenseitig unterstützen können und Sie als Lehrer entlastet sind. Die Vorlage auf der CD können Sie leicht an die jeweilige Lerntheke (Thema, Anzahl sowie Titel der Stationen und Anzahl der Aufgaben) anpassen. Wenn ein Schüler eine Aufgabe beendet hat, ihm die Bearbeitung leichtgefallen ist und er bei der (Selbst-)Kontrolle feststellt, dass er keine oder sehr wenige Fehler gemacht hat, kann er sich in der Helferliste unter der jeweiligen Aufgabe eintragen. Die Mitschüler erkennen dann ganz schnell, an wen sie sich bei Fragen wenden können.

- **Sitzordnung:**
Es empfiehlt sich, im Klassenzimmer eine Sitzordnung herzustellen, die sowohl Einzelarbeitsplätze als auch Gruppentische aufweist, damit die Schüler je nach verlangter Sozialform den geeigneten Arbeitsplatz finden. Daneben müssen die Arbeitsmaterialien an einer zentral gelegenen „Theke" ausgelegt werden. Dort finden die Schüler auch zusätzlich nötiges Material (z. B. Wörterbücher, Würfel). Die Lösungsblätter müssen für alle gut erreich- und einsehbar sein.

- **Pflichtstationen:**
Sie können innerhalb einer Lerntheke Pflichtstationen definieren, die alle Schüler bearbeiten müssen. Diese Pflichtstationen werden z. B. gekennzeichnet, indem sie etwa auf farbiges Papier kopiert werden. Erst nach der Erledigung der Pflichtstationen können die Schüler aus den übrigen Materialien weitere auswählen, die sie zusätzlich bearbeiten wollen. Dieses Vorgehen empfiehlt sich, wenn einzelne Inhalte einer Lerntheke neuen Stoff darstellen und nicht der Wiederholung oder Übung dienen.

- **Auszeichnung:**
Nutzen Sie die Auszeichnung zum Abschluss einer Lernthekenzeit als Belohnung für besonders gute Mitarbeit. Dies hat sich als eine sehr gute und sinnvolle Methode erwiesen, um auch leistungsschwächere Schüler zu motivieren. Eine Vorlage zum individuellen Anpassen finden Sie auf der CD.

- **CD:**
Alle Arbeitsblätter, Lösungsseiten, den Selbsteinschätzungsbogen und das Helfersystem finden Sie auf der beiliegenden CD. Hier können Sie die Seiten schnell und bequem anpassen, verändern und gleich ausdrucken.

Helfersystem – Ich helfe dir weiter!

Lerntheke

	Aufgabe 1	Aufgabe 2	Aufgabe 3	Aufgabe 4	Aufgabe 5
Station 1					
Station 2					
Station 3					
Station 4					
Station 5					

Selbsteinschätzungsbogen

Selbsteinschätzung

Lerntheke	Kann ich das? (Kompetenzen)	Aufgabe	fällt mir schwer 😟 Ich brauche Hilfe.	geht so 😐 Ich muss noch viel üben.	gut 🙂 Zur Sicherheit mache ich noch eine Aufgabe.	sehr gut 😃 Ich helfe gerne jedem, der noch Probleme mit der Aufgabe hat!	Diese Personen / Materialien helfen mir dabei:
1. Geld	Ich kenne die Geldbeträge einiger Gegenstände und nutze sie beim Schätzen.	1.1, 1.2					
	Ich kann Geldbeträge vergleichen.	2.1, 2.2					
	Ich kenne die Einheiten € und ct und kann sie umrechnen.	3.1					
	Ich kann Geldwerte in verschiedenen Schreibweisen darstellen.	3.2					
	Ich kann mit Geldwerten rechnen.	4.1, 4.2, 4.3					
	Ich kann eigene Textaufgaben verfassen.	4.4					
2. Längen	Ich kenne geeignete Hilfsmittel, um Längen zu messen.	1.1, 1.2					
	Ich kenne die Längenmaße einiger Gegenstände und nutze sie beim Schätzen.	2.1, 2.2					
	Ich kann Längen vergleichen.	3.1, 3.2					
	Ich kann Strecken zeichnen und abmessen.	4					
	Ich kann Längen in verschiedenen Schreibweisen darstellen.	5.1					
	Ich kenne die Einheiten km, m, cm und mm und kann sie umrechnen.	5.2, 5.3, 6					
	Ich kann mit Längenmaßen rechnen.	6, 7.1					
	Ich kann eigene Textaufgaben verfassen.	7.2					
3. Gewichte	Ich kann mit geeigneten Hilfsmitteln Gewichte messen und vergleichen.	1					
	Ich kenne die Gewichte einiger Gegenstände und nutze sie beim Schätzen.	2.1, 2.2, 2.3, 2.4					
	Ich kann Gewichte in verschiedenen Schreibweisen darstellen.	3.1					

Lerntheke Mathematik 3/4 Messen und Größen

3. Gewichte	Ich kenne die Einheiten t, kg und g und kann sie in die benachbarte Einheit umrechnen.	3.2						
	Ich kann Gewichte vergleichen.	4.1, 4.2, 4.3						
	Ich kann mit Gewichten rechnen.	5.1						
	Ich kann eigene Textaufgaben verfassen.	5.2						
4. Zeit	Ich kenne verschiedene Zeitmesser.	1						
	Ich kann zwischen Zeitspanne und Zeitpunkt unterscheiden.	1.2						
	Ich kenne die Zeitdauer einiger Abläufe und nutze sie beim Schätzen.	2.1, 2.2, 2.3						
	Ich kann Uhrzeiten einstellen und ablesen.	1.2, 2.4						
	Ich kenne die Einheiten h, min und s und kann sie in die benachbarte Einheit umrechnen.	3.1, 3.2, 5						
	Ich kann Zeitspannen vergleichen.	4						
	Ich kann mit dem Zeitstrahl rechnen.	6.1						
	Ich kann mit Zeitspannen und Zeitpunkten rechnen.	6.2, 6.3						
	Ich kann eigene Textaufgaben verfassen.	6.4						
5. Hohlmaße	Ich kann mit geeigneten Hilfsmitteln Inhalte abmessen.	1						
	Ich kenne die Hohlmaße einiger Gegenstände und nutze sie beim Schätzen.	2.1, 2.2						
	Ich kenne den Zusammenhang zwischen Hohlmaß und Gewicht bei Wasser.	2.3						
	Ich kann Mengen ablesen und einzeichnen.	2.4						
	Ich kann Hohlmaße in verschiedenen Schreibweisen darstellen.	3.1						
	Ich kenne die Einheiten l und ml und kann sie in die benachbarte Einheit umrechnen.	3.2						
	Ich kann Hohlmaße vergleichen.	4.1, 4.2						
	Ich kann mit einfachen Bruchteilen rechnen.	5.1						
	Ich kann mit Hohlmaßen rechnen.	5.2, 5.3						
	Ich kann eigene Textaufgaben verfassen.	5.4						

Lerntheke 1
Geld

Diese Lerntheke befasst sich mit dem Größenbereich „Geld".

Übersicht

1	Geldwerte schätzen	Die Schüler schätzen Geldbeträge verschiedener Gegenstände.	★ | 👥
		Die Schüler kennen die (aktuellen) Geldwerte einiger Gegenstände.	★ | 👤
2	Geldbeträge vergleichen	Die Schüler vergleichen auf verschiedene Weise Geldbeträge miteinander.	★ | 👤
			★ | 👥 oder 👨‍👩‍👧
3	Geldbeträge umwandeln	Die Schüler rechnen die Einheiten € und ct um.	★ | 👥 oder 👨‍👩‍👧
		Die Schüler stellen Geldbeträge in verschiedenen Schreibweisen dar.	★ | 👤
4	Rechnen mit Geld	Die Schüler rechnen mit Geldbeträgen.	★ | 👥 oder 👨‍👩‍👧
		Die Schüler verfassen eigene Textaufgaben.	★★★ | 👤
			★★★ | 👥 oder 👨‍👩‍👧
			★★★ | 👤 und 👨‍👩‍👧

1 Geldwerte schätzen

1.1 Preis-Schätz-Spiel

★ | 👥

Schneide die Bild-Preis-Paare aus. Falte sie in der Mitte und klebe sie so zusammen, dass das Bild auf der einen und der Preis auf der anderen Seite ist. Suche dir einen Partner. Legt alle Bilder nach oben. Jeder sagt oder schreibt einen Preis für diesen Gegenstand auf. Dreht nun das Bild um. Wer besser geschätzt hat, bekommt einen Punkt. Gewinner ist der mit den meisten Punkten.

	19,99 €		4,60 €
	15,90 €		10 000 €
	49,89 €		2,70 €
	219 €		12,99 €
	0,59 €		149 €
	18,50 €		5,50 €

Name: _____ Datum: _____

1.2 Vergleichsgrößen finden

★ | 👤

1. a) Schätze: Was könnte jeweils 1 €, 10 €, 20 € oder 100 € kosten?
Prüfe in Katalogen, Prospekten oder im Internet nach.

Preis	1 €	10 €	20 €	100 €
Gegenstand (geschätzt)				
Preis (nachgeprüft)				

b) Markiere deine beste Schätzung jeweils grün.

★ | 👤

2. Suche in Katalogen/Prospekten nach jeweils zwei Gegenständen, die etwa
1 €, 10 €, 20 €, 100 € kosten. Schneide sie aus und klebe sie ein. Schreibe
den genauen Preis dazu.

1 €	10 €	20 €	100 €

★ | 👤

3. Ergänze.

Ich merke mir:

_____ kostet 1 €.

_____ kostet 10 €.

_____ kostet 20 €.

_____ kostet 100 €.

2 Geldbeträge vergleichen

2.1 Kartenspiel

★ | 👥 oder 👥👥

Schneide die Preiskarten aus. Jeder Spieler bekommt gleich viele Preiskarten und legt sie verdeckt in einen Stapel vor sich. Gleichzeitig dreht jeder die oberste Karte um. Wessen Karte einen höheren Betrag zeigt, darf beide Karten nehmen. Ist der Betrag gleich, so erhält derjenige die Karten, der zuerst „Stich" ausruft.

Der Spieler, der alle Karten hat, gewinnt das Spiel.

4,53 €	435 ct	54 ct	504 €
550 ct	5,44 €	453 ct	35 ct
35 €	44,45 €	54 €	335 ct
4 € 33 ct	55 € 3 ct	55,03 €	455 ct
345 ct	33 € 4 ct	34,44 €	5,55 €
505 ct	355 €	435 €	5 € 5 ct

Name: _____ Datum: _____

2.2 Zeichen setzen

★ | ♟

1. Vergleiche. Setze ein: > oder < oder =.

1 €	☐	10 ct		9,23 €	☐	92 ct
4 € 9 ct	☐	49 ct		0,70 €	☐	70 ct
7 € 13 ct	☐	731 ct		2,08 €	☐	28 ct
3 € 40 ct	☐	34 ct		0,05 €	☐	50 ct
8 € 15 ct	☐	815 ct		24,05 €	☐	245 ct

7 € 21 ct	☐	7,03 €		9,34 €	☐	9 € 43 ct
0 € 8 ct	☐	0,08 €		3,70 €	☐	3 € 7 ct
2 € 60 ct	☐	26,00 €		6,21 €	☐	6 € 12 ct

Cornelsen
Lerntheke Mathematik 3/4 Messen und Größen

KV 4

3 Geldbeträge umwandeln

3.1 Würfelspiel: Wer wird der Euro-König?

★ | 👥 oder 👥👥

Du brauchst einen Würfel sowie 10-ct- und 1-€-Münzen (Spielgeld oder Kärtchen unten). Jeder darf einmal reihum würfeln. Einigt euch zuvor darauf, wie viele Runden ihr spielt. Würfelst du

⚀ , bekommst du eine 10-ct-Münze.

⚁ , bekommst du zwei 10-ct-Münzen.

⚂ , bekommt dein linker Nachbar alle deine 10-ct-Münzen (1-€-Münzen darfst du behalten!).

⚃ , musst du alle 1-€-Münzen in 10-ct-Münzen umtauschen.

⚄ , bekommst du fünf 10-ct-Münzen.

⚅ , darfst du in eine 1-€-Münze umtauschen, wenn du zehn 10-ct-Münzen hast.

Sieger ist, wer die meisten 1-€-Münzen besitzt.

✂

3.2 Stellenwerttabelle

Erinnerung:
1 € = 100 ct

★ | 👤

1. Trage die Geldbeträge in die Stellenwerttafel ein.
Schreibe die Angaben anschließend in der gemischten Schreibweise.

	€	ct		gemischte Schreibweise
Bsp.: 283 ct	2	8	3	2 € 83 ct
a) 727 ct				
b) 93 ct				
c) 103 ct				
d) 3 ct				

★ | 👤

2. Schreibe die Angaben in der Kommaschreibweise.

	€	ct		Kommaschreibweise
Bsp.: 491 ct	4	9	1	4,91 €
a) 814 ct				
b) 67 ct				
c) 207 ct				
d) 8 ct				

★ | 👤

3. Male gleiche Geldbeträge mit der gleichen Farbe an.

345 ct	44 € 5 ct	0,43 €	33,03 €	3 € 45 ct	5 € 3 ct
4 300 ct	0 € 5 ct	3 503 ct	0,05 €	3,45 €	44,05 €
43 ct	33 € 3 ct	0 € 43 ct	43 € 0 ct	5 ct	35,03 €
3 303 ct	503 ct	4 405 ct	35 € 3 ct	43 €	5,03 €

4   Rechnen mit Geld

4.1   Münzen ertasten

★ | 👥 oder 👥👥

Arbeite mit einem Partner. Dein Partner legt dir Münzen unter ein Tuch.
Ertaste alle Münzen. Notiere den jeweiligen Wert der Münze und addiere alle.
Überprüfe nun, indem du das Tuch wegnimmst.
Lass dir wieder Münzen unter das Tuch legen ...
Dann ist dein Partner an der Reihe.

„Tast"-Rechnung +	„Seh"-Rechnung +	Differenz (Unterschied) –

„Tast"-Rechnung +	„Seh"-Rechnung +	Differenz (Unterschied) –

KV 7

4.2 Kassenbons

★★★ | 👤

1. Suche die Lücken bei den Kassenbons und berechne die fehlenden Angaben.

Biomarkt Tante Frieda	
Paprika 0,987 kg x 4,49 €	4,43 €
Pfirsiche 0,634 kg x 2,99 €	1,89
Müslischnitte 2 x 0,79 €	_____
Nudeln	0,89 €
zu bezahlen	_____
Bargeld	10,00 €
Rückgeld	_____

Discounti		
Bananen 0,814 kg x 0,95 €		0,77 €
Paprika		1,49 €
Salami		1,15 €
Joghurt Erdbeere 2 x 0,29 €		_____
Brötchen ___ x 0,29 €		1,16 €
Summe		5,15 €
Bar		_____
zurück		1,85 €

BÄCKEREI LECKER	
Baguette	_____
Roggen-Mischbrot	3,20 €
Amerikaner ___ x 0,85 €	3,40 €
Blätterteig-taschen 3 x 0,75 €	_____
Schokobanane	0,95 €
zu bezahlen bar	11,10 €
zurück	8,90 €

Supi-Markt	
Tomatensauce	0,99 €
Spaghetti ___ x 0,49 €	0,98 €
Bohnen 2 x _____	0,70 €
Mais	0,49 €
Tortellini	1,25 €
Gratin-Käse	1,19 €
Joghurt	0,35 €
Rabatt 30 %	– 0,11 €
zu zahlen bar	_____ 10,00 €
zurück	_____

PIZZERIA ITALIA	
Pizza Vier Jahreszeiten	8,40 €
Calzone	7,40 €
Lasagne 2 x 7,90 €	_____
Tiramisu ___ x 3,00 €	12,00 €
Mineralwasser 3 x 2,20 €	_____
Apfelsaft 2 x 2,90 €	5,80 €
Summe Karte	_____

2. Schreibe deinen eigenen Kassenbon. (**Tipp:** Nimm dir einen aktuellen Werbeprospekt.)

4.3 Würfelspiel Geld

★★★ | 👥 oder 👥👥

Du benötigst 1 Spielplan, Spielfiguren, 1 Würfel, Spielgeld. Jeder Spieler erhält ein Startguthaben (20 € oder 50 €). Würfelt reihum. Ziehe eine Ereigniskarte bzw. Rechenkarte beim Ereignis- bzw. Rechenfeld. Gewinner ist, wer bei Spielende das meiste Geld hat.

Ereigniskarten

Du bekommst 10 € Taschengeld.	Du trägst deiner Nachbarin die Einkaufstasche und bekommst 1 €.	Du mähst den Rasen und bekommst 3 €.	Du bekommst 5 € Taschengeld.	Du hast 5 € verloren.
Spende alle Cent-Münzen. Du darfst nochmals würfeln.	Du kaufst dir ein Eis für 2,40 €.	Opa schenkt dir 10 € für den Jahrmarkt.	Du findest 2 € auf der Straße.	Dein Onkel schenkt dir 15 € zum Geburtstag.
Du kaufst dir ein Brötchen und eine Milch für 2,70 €.	Du spendest dem Tierheim 2,30 €. Du darfst nochmals würfeln.	Du kaufst dir einen Füller für 7,40 €.	Du holst dir für 2 € Lose bei der Schul-Tombola.	Oma schenkt dir 5 € für den Schulausflug.

Rechenkarten (Du bekommst den Lösungsbetrag, wenn du richtig rechnest. Bei falscher Lösung musst du den Betrag abgeben.)

230 ct – 0,85 €	7,14 € – 5,58 €	42 ct + 38 ct	53 ct + 22 ct	13,56 € – 11,16 €
425 ct – 3,15 €	8,30 € – 6,40 €	19 ct + 91 ct	120 ct + 50 ct	3 450 ct – 3 280 ct
6,19 € – 4,99 €	9,43 € – 813 ct	2,87 € – 0,97 ct	495 ct – 285 ct	56,32 € – 54,92 €
3,76 € – 1,77 €	518 ct – 3,78 €	934 ct – 724 ct	0,78 € + 1,22 €	56 ct + 0,64 €

Lerntheke Mathematik 3/4 Messen und Größen

Würfelspiel Geld: Spielplan

Start ⇨	1 x aussetzen	Ereignis-feld	Gib 1,20 € ab.	Rechenfeld	 Du erhältst 2,70 €. ⇩
Gib 0,70 € ab. ⇩	 Du erhältst 0,60 €.	 Du erhältst 3,20 €.	1 x aussetzen	Gib 2,40 € ab.	Rechenfeld ⇦
Rechenfeld ⇨	 Du erhältst 3,10 €.	Gib 3,70 € ab.	Rechenfeld	 Du erhältst 1,20 €.	Ereignis-feld ⇩
 Du erhältst 3,30 €. ⇩	Gib 3,80 € ab.	Ereignis-feld	Rechenfeld	Gib 3,50 € ab.	⇦ Gib dein gesamtes Geld ab.
⇨ Gib 4,70 € ab.	Ereignis-feld	 Du erhältst 1,60 €.	 Du erhältst 4,50 €.	Rechenfeld	1x aussetzen ⇩
Rechenfeld ⇩	Ereignis-feld	Gib 2,90 € ab.	1x aussetzen	 Du erhältst 1,60 €.	⇦  Du erhältst 5,60 €.
1 x aussetzen	Gib 5,50 € ab.	Rechenfeld	 Du erhältst 6,60 €.	Ereignis-feld	**Ziel** Als Sieger bekommst du 6,20 €.

4.4 Sachaufgaben ausdenken

★★★ | 👥 und 👪

Suche dir zwei Bilder aus. Schreibe jeweils eine Rechengeschichte dazu. Sie soll Geldbeträge enthalten. Denke dir eine Frage aus, berechne und schreibe die Antwort dazu. Lass andere deine Aufgaben rechnen und berechne selbst zwei Aufgaben eines Mitschülers.

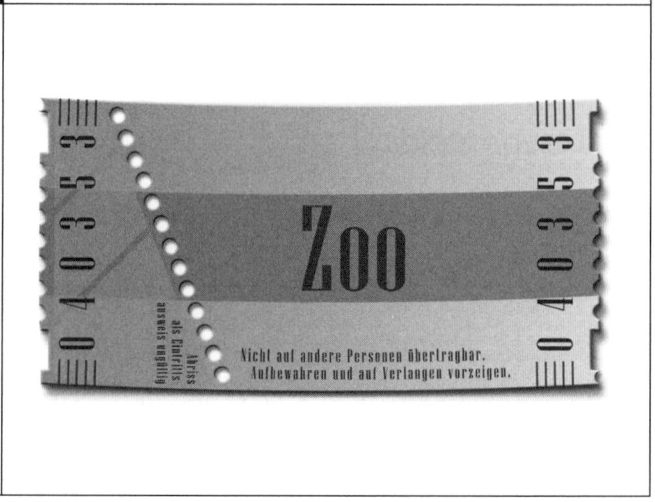

2 Geldbeträge vergleichen

2.2 Zeichen setzen

1. Vergleiche. Setze ein: > oder < oder =.

1 €	>	10 ct	9,23 €	>	92 ct
4 € 9 ct	>	49 ct	0,70 €	=	70 ct
7 € 13 ct	<	731 ct	2,08 €	>	28 ct
3 € 40 ct	>	34 ct	0,05 €	<	50 ct
8 € 15 ct	=	815 ct	24,05 €	>	245 ct

7 € 21 ct	>	7,03 €	9,34 €	<	9 € 43 ct
0 € 8 ct	=	0,08 €	3,70 €	>	3 € 7 ct
2 € 60 ct	<	26,00 €	6,21 €	>	6 € 12 ct

© 2014 Cornelsen Schulverlage GmbH, Berlin. Alle Rechte vorbehalten.

Cornelsen Lerntheke Mathematik 3/4 Messen und Größen

KV 4
Lösungen

---

3 Geldbeträge umwandeln

3.2 Stellenwerttabelle

1. Trage die Geldbeträge in die Stellenwerttafel ein.
Schreibe die Angaben anschließend in der gemischten Schreibweise.

	€	ct		gemischte Schreibweise
Bsp.: 283 ct	2	8	3	2 € 83 ct
a) 727 ct	7	2	7	7 € 27 ct
b) 93 ct		9	3	0 € 93 ct
c) 103 ct	1	0	3	1 € 3 ct
d) 3 ct			3	0 € 3 ct

2. Schreibe die Angaben in der Kommaschreibweise.

	€	ct		Kommaschreibweise
Bsp.: 491 ct	4	9	1	4,91 €
a) 814 ct	8	1	4	8,14 €
b) 67 ct		6	7	0,67 €
c) 207 ct	2	0	7	2,07 €
d) 8 ct			8	0,08 €

3. Male gleiche Geldbeträge mit der gleichen Farbe an.

345 ct ○	44 € 5 ct ●	0,43 € △	33,03 € ▲	3 € 45 ct ○	5 € 3 ct □
4 300 ct ■	0 € 5 ct ⊙	3 503 ct ▣	0,05 € ⊙	3,45 € ○	44,05 € ●
43 ct △	33 € 3 ct ▲	0 € 43 ct △	43 € 0 ct ■	5 ct ⊙	35,03 € ▣
3 303 ct ▲	503 ct □	4 405 ct ●	35 € 3 ct ▣	43 € ■	5,03 € □

© 2014 Cornelsen Schulverlage GmbH, Berlin. Alle Rechte vorbehalten.

Cornelsen Lerntheke Mathematik 3/4 Messen und Größen

KV 6
Lösungen

---

4 Rechnen mit Geld

4.2 Kassenbons

1. Suche die Lücken bei den Kassenbons und berechne die fehlenden Angaben.

Biomarkt Tante Frieda	
Paprika 0,987 kg x 4,49 €	4,43 €
Pfirsiche 0,634 kg x 2,99 €	1,89
Müslischnitte 2 x 0,79 €	1,58 €
Nudeln	0,89 €
zu bezahlen	8,79 €
Bargeld	10,00 €
Rückgeld	1,21 €

Discounti	
Bananen 0,814 kg x 0,95 €	0,77 €
Paprika	1,49 €
Salami	1,15 €
Joghurt Erdbeere 2 x 0,29 €	0,58 €
Brötchen 4 x 0,29 €	1,16 €
Summe	5,15 €
Bar	7,00 €
zurück	1,85 €

BÄCKEREI LECKER	
Baguette	1,30 €
Roggen-Mischbrot	3,20 €
Amerikaner 4 x 0,85 €	3,40 €
Blätterteig-taschen 3 x 0,75 €	2,25 €
Schokobanane	0,95 €
zu bezahlen	11,10 €
bar	20,00 €
zurück	8,90 €

Supi-Markt	
Tomatensauce	0,99 €
Spaghetti 2 x 0,49 €	0,98 €
Bohnen 2 x 0,35 €	0,70 €
Mais	0,49 €
Tortellini	1,25 €
Gratin-Käse	1,19 €
Joghurt	0,35 €
Rabatt 30 %	– 0,11 €
zu zahlen	5,84 €
bar	10,00 €
zurück	4,16 €

PIZZERIA ITALIA	
Pizza	8,40 €
Vier Jahreszeiten Calzone	7,40 €
Lasagne 2 x 7,90 €	15,80 €
Tiramisu 4 x 3,00 €	12,00 €
Mineralwasser 3 x 2,20 €	6,60 €
Apfelsaft 2 x 2,90 €	5,80 €
Summe	56,00 €
Karte	56,00 €

2. Schreibe deinen eigenen Kassenbon. (**Tipp:** Nimm dir einen aktuellen Werbeprospekt.)

© 2014 Cornelsen Schulverlage GmbH, Berlin. Alle Rechte vorbehalten.

Cornelsen Lerntheke Mathematik 3/4 Messen und Größen

KV 8
Lösungen

Lerntheke 2
Längen

Diese Lerntheke befasst sich mit dem Größenbereich „Längen".

Übersicht

1	Messgeräte für Längen	Die Schüler lernen verschiedene Messgeräte kennen.	★ | 👤 und 👥👥 ★★ | 👤
2	Längen schätzen und messen	Die Schüler schätzen und messen verschiedene Gegenstände. Die Schüler kennen die Längen einiger Gegenstände.	★ | 👤 ★ | 👤
3	Längen vergleichen	Die Schüler vergleichen auf verschiedene Weise Längen miteinander.	★★ | 👤 ★★ | 👤
4	Strecken zeichnen	Die Schüler zeichnen Strecken.	★★ | 👤
5	Längen umwandeln	Die Schüler stellen Längen in verschiedenen Schreibweisen dar. Die Schüler rechnen die Einheiten mm, cm, (dm), m, km um.	★★ | 👤 ★★ | 👥👥 ★★ | 👥👥
6	Längeneinheiten überprüfen	Die Schüler berichtigen falsche Aussagen mit Längenangaben.	★ | 👤
7	Rechnen mit Längen	Die Schüler rechnen mit Längen. Die Schüler verfassen eigene Textaufgaben.	★★★ | 👤 und 👥👥 ★★★ | 👤 und 👥👥

1 Messgeräte für Längen

1.1 Nichtstandardisierte Einheiten

★ | 🧍

1. Miss mit deinen Körpermaßen. Wie viele brauchst du jeweils?
Ergänze die Tabellen.

	Daumenbreiten		Fingerspanne
Breite des Rechenbuches			
Breite des Rechenheftes			

	Elle		Armspannen
Höhe der Tafel			
Länge der Tafel			

	Schritte		Körpermaß deiner Wahl
Breite des Klassenzimmers			
Länge des Klassenzimmers			

★ | 👥

2. Vergleiche mit zwei Mitschülern. Was erkennst du?

1.2 Standardisierte Einheiten

★★ | ▲

1. Welche Länge misst du mit welchem Gerät?

Lerntheke 2

		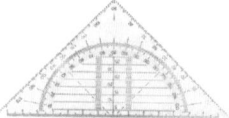		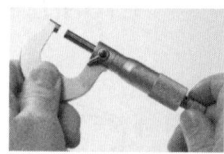
Maßband	**Zollstock**	**Geodreieck/ Lineal**	**Kilometer- zähler**	**Bügelmess- schraube**

Länge	Messgerät
Weg eines Autos	
Bauchumfang	
Länge des Mäppchens	
Länge eines Zimmers	
Länge eines Stoffes (Kleidung)	
Dicke eines Blattes	
Weg eines Fahrrades	
Höhe einer Tür	
Strecke von 4 cm	
Kopfumfang	
Dicke einer Folie	

★★ | ▲

2. Denke dir nun selbst jeweils ein Beispiel aus:

Länge	Messgerät
	Kilometerzähler
	Lineal
	Meterstab
	Maßband
	Bügelmessschraube

2   Längen schätzen und messen

2.1   Rechenstäbe

★ | ▲

1. Ertaste unter einem Tuch die verschiedenen farbigen Rechenstäbe.
   a) Finde den kürzesten und den längsten Stab.
   b) Ertaste jeweils den nächstlängeren Stab. Lege die Stäbe der Länge nach hin. Beginne mit dem kürzesten Stab.
   c) Schätze die Länge jedes Stabes.

weiß		rot	
hellgrün		lila	
gelb		dunkelgrün	
schwarz		braun	
blau		orange	

★ | ▲

2. Kontrolliere. Miss die Längen der Stäbe.

weiß		rot	
hellgrün		lila	
gelb		dunkelgrün	
schwarz		braun	
blau		orange	

2.2   Vergleichsgrößen finden

⭐ | 👤

1. a) Schau dich im Klassenzimmer um. Schätze.
Welche drei Gegenstände sind …

… 1 cm lang?

Name des Gegenstandes			
Länge (gemessen)			

… 10 cm lang?

Name des Gegenstandes			
Länge (gemessen)			

… 1 m lang?

Name des Gegenstandes			
Länge (gemessen)			

b) Miss nun aus und schreibe die genaue Länge in die Tabelle.
c) Markiere deine beste Schätzung jeweils grün.

⭐ | 👤

2. Nimm nochmals dein Lineal oder den Meterstab und suche einen
Gegenstand, der genau die Länge besitzt. Merke dir diese Gegenstände.

> ### Ich merke mir:
>
> _____ ist 1 cm lang.
>
> _____ ist 10 cm lang.
>
> _____ ist 1 m lang.

Lerntheke 2

Lerntheke Mathematik 3/4 Messen und Größen

KV 4

3 Längen vergleichen

3.1 Strecken vergleichen

★★ | 👤

1. Schätze.

Welche Strecke ist am kürzesten und wie lang ist sie? _____

Welche Strecke ist am längsten und wie lang ist sie? _____

a) ⊢————————————⊣   b) ⊢——————————————————————⊣

c) ⊢—————————⊣   d) ⊢————————————————⊣

e) ⊢———————⊣

★★ | 👤

2. Wie wäre es einfacher für dich, die Längen zu vergleichen?

_____

_____

★★ | 👤

3. Kontrolliere. Miss alle Strecken und notiere die Länge auf der jeweiligen Linie.

★★ | 👤

4. Ordne die Strecken nach der Größe. Beginne mit der kürzesten Strecke.

_____

_____

★★ | 👤

5. Vergleiche. Setze ein: > oder < oder =.

6,730 km	☐	680 m	4 m 33 cm	☐	43 cm
0,2 km	☐	0,020 km	25,01 m	☐	251 cm
4,400 km	☐	4 440 m	0,7 m	☐	70 cm
6 cm 4 mm	☐	64 mm	12,3 cm	☐	1 230 mm
5,2 cm	☐	502 mm	3 cm 3 mm	☐	330 mm

Lerntheke 2

4   Strecken zeichnen

Spitze deinen Bleistift und nimm dein Geodreieck.

★★ | ♟

1. Zeichne das Ende der Strecke ein.

a) 3 cm 4 mm

b) 5 cm 8 mm

c) 32 mm

d) 67 mm

2. Verlängere die Strecken auf die angegebenen Längen.

a) 4 cm 4 mm

b) 8 cm 6 mm

c) 41 mm

3. Zeichne die Strecken ins Heft.

a) 2 cm 5 mm   b) 35 mm   c) 8 cm 3 mm   d) 130 mm

4. Es sollen immer 8 cm sein. Zeichne ins Heft und schreibe.

Beispiel: 30 mm

30 mm   +   50 mm   = 80 mm = 8 cm

a) 60 mm   b) 43 mm   c) 57 mm   d) 2,3 cm

5. Ergänze zu einem Rechteck (Länge 6 cm, Höhe 3,5 cm), einem Quadrat (Seitenlänge 3 cm).

5   Längen umwandeln

5.1   Stellenwerttabelle

Erinnerung:

1 km = 1 000 m

1 m = 10 dm = 100 cm

1 dm = 10 cm

1 cm = 10 mm

Lerntheke 2

★★ |

1. Trage die gegebene Längenangabe in die Einheitentabelle ein. Schreibe die Angaben anschließend in der gemischten Schreibweise.

	1 m	1 dm	1 cm	1 mm	
Bsp.: 407 cm	4	0	7		4 m 7 cm
a) 627 mm					
b) 1 304 mm					
c) 312 cm					
d) 3,4 m					
e) 2,52 m					
f) 22 dm					

★★ |

2. Wandle die Angaben in m um.

	1 km	100 m	10 m	1 m	
Bsp.: 2,435	2	4	3	5	2 435 m
a) 3,074 km					
b) 4 km 542 m					
c) 3 km 67 m					
d) 0,732 km					
e) 0,043 km					
f) 20 dm					

5.2 Bingo

★★ | 👥

Ein Spieler legt Spielfeld 1, der andere Spieler Spielfeld 2 vor sich auf den Tisch. Die Umwandlungskarten werden verdeckt auf einen Stapel gelegt. Abwechselnd zieht jeder Spieler eine Karte und legt sie offen auf den Tisch. Derjenige, der zuerst die gleiche Länge auf seinem Spielfeld findet (du musst im Kopf in eine andere Einheit umwandeln), darf das Kärtchen ablegen. Gewonnen hat, wer zuerst alle Kärtchen einer senkrechten, waagrechten oder diagonalen Reihe „belegt" hat.

Spielfeld 1

2,3 km	320 m	43 cm	4 500 mm
420 cm	4 km 200 m	24 m	2 500 mm
2 440 cm	4,5 km	3 m 42 cm	4 m 33 cm
5,400 km	5 440 cm	53 000 mm	2 550 m

Bingo

Spielfeld 2

4 500 mm	320 m	43 cm	2,3 km
4 km 200 m	420 cm	24 m	2 500 mm
2 440 cm	4,5 km	4 m 33 cm	3 m 42 cm
5,400 km	53 000 mm	5 440 cm	2 550 m

Bingo

Umwandlungskarten

2 300 m	0,320 km	430 mm	4,5 m
4 200 mm	4 200 m	2 400 cm	250 cm
24 m 40 cm	4 km 500 m	342 cm	4 330 mm
5 400 m	54,40 m	53 m	2,550 km

5.3 Schätz-Umwandlungsspiel

★★ | 👥👥👥

Legt ein 30 cm langes Lineal auf den Tisch. Schneidet die Karten aus und legt sie verdeckt auf einen Stapel in die Mitte. Auf den Karten sind Längen zwischen 0 und 30 cm abgedruckt. Zieht die erste Karte und legt sie an die passende Längenangabe des Lineals. Der erste Spieler entscheidet sich, ob die Längenangabe auf der nächsten Karte größer oder kleiner ist als die soeben gelegte Karte. Dann erst zieht der erste Spieler die zweite Karte. Stimmt seine Vermutung, legt er die Karte an die richtige Stelle des Lineals an und nimmt sich die erste Karte. Liegt er falsch, wird die gezogene Karte unter den Kartenstapel zurückgeschoben. Es liegt immer nur eine Karte am Lineal. Gewonnen hat, wer die meisten Längen richtig geschätzt und abgelegt hat und die meisten Karten besitzt.

Lerntheke 2

↑	↑	↑	↑
150 mm	260 mm	120 mm	170 mm
↑	↑	↑	↑
230 mm	100 mm	50 mm	70 mm
↑	↑	↑	↑
0,28 m	0,09 m	0,13 m	0,24 m
↑	↑	↑	↑
0,11 m	0,04 m	0,08 m	0,22 m
↑	↑	↑	↑
14 cm	6,5 cm	19 cm	10,5 cm
↑	↑	↑	↑
20 cm	18 cm	11,5 cm	8 cm

6 Längeneinheiten überprüfen

Sind die Maßeinheiten richtig gewählt?
Schreibe alle falschen Aussagen richtig auf.

Eine Heftseite ist 30 cm hoch.

Heikes Deutschbuch ist 1 m dick.

Jans Kinderschere ist 13 mm lang.

210 cm ist die Tür hoch.

Die zehnjährige Sofia ist 145 m groß.

Charlotte muss jeden Tag 750 km zur Bushaltestelle laufen.

Das Baby ist 600 mm groß.

3,9 mm ist eine Tintenpatrone lang.

Ein Floh ist 2 cm groß.

Manuels Schulweg ist 1,200 km lang.

Die Tischhöhe beträgt 70 m.

Lerntheke Mathematik 3/4 Messen und Größen

KV 10

7 Rechnen mit Längen

7.1 Maßband-Spiel

★★★ | 👤 und 👥

Zeichne ein Rechteck mit der Länge 10 cm und Höhe 4 cm auf ein Blatt Papier. Markiere an der Länge die Zentimeterabstände mit einem Strich. Schneide dein Rechteck aus. Klebt alle Papierstreifen der Klasse mit Klebestreifen zusammen. Schreibt nun die passenden Längenangaben dazu. Klebt den Papierstreifen mit Klebestreifen auf den Boden. Dies ist euer Spielfeld. Jeder Mitspieler nimmt sich eine Spielfigur und setzt sie auf 25 cm. Abwechselnd zieht ihr Aufgabenkarten und geht entsprechend auf dem Spielfeld weiter oder zurück. Wer am weitesten kommt, gewinnt.

© 2014 Cornelsen Schulverlage GmbH, Berlin. Alle Rechte vorbehalten.

Spielkarten

Addiere 2 cm. 🙂	Addiere 5 cm. 🙂	Addiere 3 cm. 🙂	Addiere 7 cm. 🙂
Addiere 35 cm. 🙂	Addiere 43 cm. 🙂	Addiere 11 cm. 🙂	Addiere 27 cm. 🙂
Addiere 0,2 m. 🙂	Addiere 40 mm. 🙂	Addiere 20 mm. 🙂	Addiere 30 mm. 🙂
Addiere 32 cm. 🙂	Addiere 45 cm. 🙂	Addiere 13 cm. 🙂	Addiere 22 cm. 🙂
Addiere 0,26 m. 🙂	Addiere 0,12 m. 🙂	Addiere 0,29 m. 🙂	Addiere 0,17 m. 🙂
Subtrahiere 16 cm. ☹️	Subtrahiere 40 mm. ☹️	Subtrahiere 0,15 m. ☹️	Subtrahiere 12 cm. ☹️
Subtrahiere 0,24 m. ☹️	Subtrahiere 17 cm. ☹️	Subtrahiere 100 mm. ☹️	Subtrahiere 0,07 m. ☹️

7.2 Sachaufgaben ausdenken

★★★ | 🯄 und 🯅🯅🯅

Suche dir zwei Bilder aus. Schreibe jeweils eine Rechengeschichte dazu.
Sie soll Längenangaben enthalten. Denke dir eine Frage aus, berechne
und schreibe die Antwort dazu. Lass andere deine Aufgaben rechnen und
berechne selbst zwei Aufgaben eines Mitschülers.

1 Messgeräte für Längen

1.2 Standardisierte Einheiten

1. Welche Länge misst du mit welchem Gerät?

  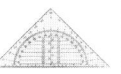  

Maßband	Zollstock	Geodreieck/ Lineal	Kilometer- zähler	Bügelmess- schraube

Länge	Messgerät
Weg eines Autos	Kilometerzähler
Bauchumfang	Maßband
Länge des Mäppchens	Lineal
Länge eines Zimmers	Zollstock
Länge eines Stoffes (Kleidung)	Maßband
Dicke eines Blattes	Bügelmessschraube
Weg eines Fahrrades	Kilometerzähler
Höhe einer Tür	Zollstock
Strecke von 4 cm	Lineal
Kopfumfang	Maßband
Dicke einer Folie	Bügelmessschraube

2. Denke dir nun selbst jeweils ein Beispiel aus:

Länge	Messgerät
	Kilometerzähler
	Lineal
Individuelle Lösungen	Meterstab
	Maßband
	Bügelmessschraube

---

2 Längen schätzen und messen

2.1 Rechenstäbe

1. Ertaste unter einem Tuch die verschiedenen farbigen Rechenstäbe.
b) Finde den kürzesten und den längsten Stab.
c) Ertaste jeweils den nächstlängeren Stab. Lege die Stäbe der Länge nach hin. Beginne mit dem kürzesten Stab.
d) Schätze die Länge jedes Stabes.

weiß		rot	
hellgrün		lila	
gelb		dunkelgrün	
schwarz		braun	
blau		orange	

2. Kontrolliere. Miss die Längen der Stäbe.

weiß	1 cm	rot	2 cm
hellgrün	3 cm	lila	4 cm
gelb	5 cm	dunkelgrün	6 cm
schwarz	7 cm	braun	8 cm
blau	9 cm	orange	10 cm

---

3 Längen vergleichen

3.1 Strecken vergleichen

1. Schätze.
Welche Strecke ist am kürzesten und wie lang ist sie? _____
Welche Strecke ist am längsten und wie lang ist sie? _____

a) | 5 cm | b) | 7,4 cm |

c) | 3,7 cm | d) | 7 cm |

e) | 3 cm |

★★ | ⚖

2. Wie wäre es einfacher für dich, die Längen zu vergleichen?
Vorschlag: Es wäre einfacher, wenn der Anfang der Strecken auf einer Höhe wäre.

3. Kontrolliere. Miss alle Strecken und notiere die Länge auf der jeweiligen Linie.

4. Ordne die Strecken nach der Größe. Beginne mit der kürzesten Strecke.
e), c), a), d), b)

5. Vergleiche. Setze ein: > oder < oder =.

6,730 km	>	680 m	4 m 33 cm	>	43 cm
0,2 km	>	0,020 km	25,01 m	>	251 cm
4,400 km	<	4 440 m	0,7 m	=	70 cm

6 cm 4 mm	=	64 mm	12,3 cm	<	1 230 mm
5,2 cm	<	502 mm	3 cm 3 mm	<	330 mm

---

5 Längen umwandeln

5.1 Stellenwerttabelle

Erinnerung:
1 km = 1 000 m
1 m = 10 dm = 100 cm
1 dm = 10 cm
1 cm = 10 mm

6. Trage die gegebene Längenangabe in die Einheitentabelle ein.
Schreibe die Angaben anschließend in der gemischten Schreibweise.

	1 m	1 dm	1 cm	1 mm	
Bsp.: 407 cm	4	0	7		4 m 7 cm
a) 627 mm		6	2	7	6 dm 2 cm 7 mm
b) 1 304 mm	1	3	0	4	1 m 3 dm 4 mm
c) 312 cm	3	1	2		3 m 1 dm 2 cm
d) 3,4 m	3	4			3 m 4 dm
e) 2,52 m	2	5	2		2 m 5 dm 2 cm
f) 22 dm	2	2			2 m 2 dm

7. Wandle die Angaben in m um.

	1 km	100 m	10 m	1 m	
Bsp.: 2,435 km	2	4	3	5	2 435 m
a) 3,074 km	3	0	7	4	3 074 m
b) 4 km 542 m	4	5	4	2	4 542 m
c) 3 km 67 m	3	0	6	7	3 067 m
d) 0,732 km		7	3	2	732 m
e) 0,043 km			4	3	43 m
f) 20 dm				2	2 m

6 Längeneinheiten überprüfen

Sind die Maßeinheiten richtig gewählt?
Schreibe alle falschen Aussagen richtig auf.

Eine Heftseite ist 30 cm hoch.

Heikes Deutschbuch ist 1 m dick.

Jans Kinderschere ist 13 mm lang.

210 cm ist die Tür hoch.

Die zehnjährige Sofia ist 145 m groß.

Charlotte muss jeden Tag 750 km zur Bushaltestelle laufen.

Das Baby ist 600 mm groß.

3,9 mm ist eine Tintenpatrone lang.

Ein Floh ist 2 cm groß.

Manuels Schulweg ist 1,200 km lang.

Die Tischhöhe beträgt 70 m.

Lerntheke 2 – Lösungen

Heikes Deutschbuch ist 1 cm dick.

Jans Kinderschere ist 13 cm lang.

Die zehnjährige Sofia ist 145 cm groß.

Charlotte muss jeden Tag 750 m zur Bushaltestelle laufen.

3,9 cm ist eine Tintenpatrone lang.

Die Tischhöhe beträgt 70 cm.

Ein Floh ist 2 mm groß.

Lerntheke 3
Gewichte

Diese Lerntheke befasst sich mit dem Größenbereich „Gewichte".

Übersicht

1	Messgeräte für Gewichte	Die Schüler lernen verschiedene Waagen kennen.	★★ | 👤
2	Gewichte schätzen und messen	Die Schüler schätzen und wiegen verschiedene Gegenstände.	★ | 👤 und 👥 ★ | 👤
		Die Schüler kennen die Gewichte (Massen) einiger Gegenstände.	★★ | 👤 und 👪 ★ und ★★ | 👤
3	Gewichte umwandeln	Die Schüler stellen Gewichte in verschiedenen Schreibweisen dar.	★★ | 👤
		Die Schüler rechnen die Einheiten t, kg und g um.	★★ | 👪
4	Gewichte vergleichen	Die Schüler vergleichen auf verschiedene Weise Gewichte miteinander.	★ | 👤 ★★ | 👤 ★★ | 👥
5	Rechnen mit Gewichten	Die Schüler rechnen mit Gewichten.	★★★ | 👤
		Die Schüler verfassen eigene Sachaufgaben.	★ | 👤 oder 👪

1 Messgeräte für Gewichte

★★ | 👤

Ordne die Nummer unter den Bildern den Namen zu. Was (Gegenstand, Lebewesen) kannst du jeweils abwiegen?

①   ②   ③   ④

 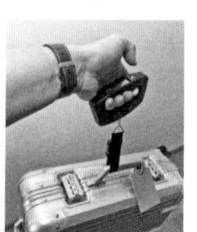 

⑤   ⑥   ⑦

 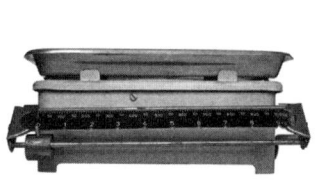 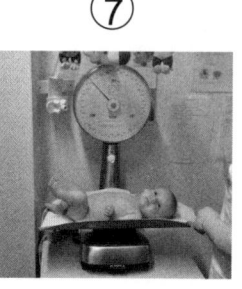

Nr.	Messgerät	Gewicht von ...
	Federwaage/Personenwaage	
	Neigungswaage/Briefwaage/ Papierwaage	
	Digitale Hängewaage/ Kofferwaage	
	Tafelwaage	
	Laufgewichts-Balkenwaage/ Küchenwaage	
	Digitale Küchenwaage	
	Schalenwaage/Babywaage	

Lerntheke 3

Name: _____   Datum: _____

2   Gewichte schätzen und messen

2.1   Schätzen und wiegen

★ | 👤 und 👥

1. a) Gewichtssatz: Welche Gewichte gibt es in einem Gewichtssatz (und wie oft)?

_____

_____

b) Schätze das Gesamtgewicht der Gewichtsstücke. _____

Wiege sie zur Kontrolle. _____

c) Spiele mit einem Partner das folgende Schätzspiel:
Schließe die Augen. Dein Partner gibt dir ein Gewichtsstück in die Hand. Schätze das Gewicht. Bei richtiger Schätzung erhältst du einen Punkt.

d) Zusatzfrage: Wieso gibt es kein 3 g Gewichtsstück?

_____

_____

★ | 👤

2. a) Schulsachen: Nimm diese verschiedenen Gegenstände in die Hand.

Klebestift	*Malkasten*	*Bleistift*	*Spitzer*
	Schulranzen (leer)		
Geodreieck	*Rechenheft*	*Rechenbuch*	

b) Finde den leichtesten und den schwersten Gegenstand.

_____

_____

c) Sortiere die Gegenstände nach dem Gewicht. Beginne mit dem leichtesten Gegenstand.

_____

_____

_____

Lerntheke 3

c) Schätze das Gewicht jedes Gegenstandes. Notiere es in der Tabelle.

Gegenstand	Gewicht (geschätzt)	Gewicht (gewogen)

Lerntheke 3

e) Wiege das genaue Gewicht ab. Notiere es ebenfalls in der Tabelle.

f) Vergleiche deine Schätzung und das gewogene Gewicht. Bei welchen Gegenständen hast du gut geschätzt?

_____

_____

3. Nimm einen beliebigen Gegenstand und versuche (ohne Waage), einen etwa gleich schweren Gegenstand zu finden. Kontrolliere anschließend mit der Waage.

_____ = _____

2.2 Spiel: Dicker Fisch?

Bastelt euch eine Angel (z. B. Schaschlikspieß und Faden) mit einem Magneten als Haken. Suche dir verschiedene Gegenstände als „Fische". Die „Fische" dürfen nicht zu schwer sein, damit du sie angeln kannst. Magnetische Gegenstände können direkt als „Fische" geangelt werden. An anderen Gegenständen kannst du eine Büroklammer befestigen. Alle „Fische" werden in den „Teich" (z. B. Schuhkarton) gelegt.

Verschiedene Spielvarianten:

- „Fisch"-gewichte schätzen, notieren, die genauere Schätzung gewinnt.

- Jede Angelrunde wird verglichen, der „dickste Fisch" gewinnt.

- Alle „Fische" werden abwechselnd geangelt und die Gewichte addiert. Die höhere Gewichtssumme gewinnt.

- Eigene Spielregeln erfinden.

Hier ist Platz für eigene Spielregeln:

_____

_____

_____

_____

_____

_____

_____

_____

_____

_____

_____

Lerntheke 3

2.3 Vergleichsgrößen finden

★★ | ⧍

1. a) Schätze. Welche drei Gegenstände sind …

…1 g schwer?

Name des Gegenstandes			
Gewicht (gemessen)			

…100 g schwer?

Name des Gegenstandes			
Gewicht (gemessen)			

… 500 g = $\frac{1}{2}$ kg schwer?

Name des Gegenstandes			
Gewicht (gemessen)			

… 1 kg schwer?

Name des Gegenstandes			
Gewicht (gemessen)			

b) Wiege die Gegenstände nun aus und schreibe das genaue Gewicht in die Tabelle.

c) Markiere deine beste Schätzung jeweils grün.

Lerntheke 3

2. Nimm eine Waage und suche einen Gegenstand, der jeweils genau das Gewicht besitzt. Merke dir diese Gegenstände.

Ich merke mir:	
_____	ist 1 g schwer.
_____	ist 100 g schwer.
_____	ist 500 g schwer.
_____	ist 1 kg schwer.

3. Ordne die Bilder den Gewichten zu. Schreibe den passenden Buchstaben zu den Bildern.

Die Lösungswörter lauten: __ __ __ __ __ __ __   __ __ __ __ __ __ __

1 000 g	F	250 g	R	480 g	E		
100 g	P	2,5–3 t	E	2,3 g	K		
50–80 g	O	35 kg	S	140 g	T		
< 1 g	T	2 kg	E	20–30 g	G		
360 kg	L	2,5 t	E				

1 Tafel Schokolade		1 Dose Erbsen	
1 Stück Butter		1 Tüte Milch	
1 Sack Kartoffeln		1-Cent-Stück	
Fliege		Schnecke	
Nilpferd		Zebra	
Ei		Bagger	
Kind		Toilettenpapier	

Lerntheke 3

★★ | 👤

4. a) Umkreise die Dinge, die schwerer als 1 kg sind.

Lerntheke 3

b) Notiere noch jeweils fünf Dinge, die leichter/schwerer als 1 kg sind.

leichter als 1 kg	schwerer als 1 kg

3   Gewichte umwandeln

3.1   Stellenwerttabelle

Erinnerung:
1 t = 1 000 kg
1 kg = 1 000 g

★★ | 👤

1. Trage die gegebene Gewichtsangabe in die Stellenwerttabelle ein.
Schreibe die Angaben anschließend in der gemischten Schreibweise.

	kg		g		
Bsp.: 1,067 kg	1	0	6	7	1 kg 67 g
a) 4,243 kg					
b) 0,019 kg					
c) 7 296 g					
d) 539 g					
e) 91 g					
f) 5 g					

★★ | 👤

2. Schreibe die Angaben in der Kommaschreibweise.

	t		kg		
Bsp.: 4 597 kg	4	5	9	7	4,597 t
a) 4 003 kg					
b) 7 kg					
c) 3 t 575 kg					
d) 8 t 84 kg					
e) 2 t 2 kg					

★★ | 👤

3. Für Profis! Wandle um.

5 000 000 g = _____ t   9 t   = _____ g

7 888 000 g = _____ t   6,3 t = _____ g

Lerntheke 3

3.2 Terzett-Spiel

★★ | 👥👥

Spielt zu dritt. Legt die Bildkarten aufgedeckt in die Mitte. Jeder Spieler erhält sechs Gewichtskarten. Immer drei Gewichtskarten gehören zusammen. Auf ihnen steht das gleiche Gewicht in g, kg oder t. Frage immer deinen linken Nachbarn nach einer Gewichtskarte. Nenne dazu die in eine andere Einheit umgewandelte Gewichtsangabe. Beispiel: Du hast die Karte mit 0,03 t und fragst deinen Nachbarn: „Hast du die Karte mit 30 kg?" Wenn ja, muss er dir die Karte geben. Hast du alle drei passenden Gewichtskarten, kannst du sie ablegen und bekommst drei Punkte. Findest du sofort die passende Bildkarte, erhältst du noch einen Extrapunkt. Wer am Ende die meisten Punkte hat, gewinnt.

✂

© 2014 Cornelsen Schulverlage GmbH, Berlin. Alle Rechte vorbehalten.

10 000 g	? g	? g
? kg	10 kg	? kg
? t	? t	0,010 t
75 000 g	? g	? g
? kg	75 kg	? kg
? t	? t	0,075 t
80 000 g	? g	? g
? kg	80 kg	? kg
? t	? t	0,080 t

Lerntheke 3

Terzett-Spiel: Karten

20 000 g	? g	? g
? kg	20 kg	? kg
? t	? t	0,020 t
1 000 000 g	? g	? g
? kg	1 000 kg	? kg
? t	? t	1 t
230 000 g	? g	? g
? kg	230 kg	? kg
? t	? t	0,230 t

Lerntheke 3

4 Gewichte vergleichen

4.1 Kleiderbügelwaage

★ | 👤

1. a) Vergleiche mit der Kleiderbügelwaage sechs verschiedene Gegenstände deiner Wahl und ergänze die Sätze.

_____ ist leichter als _____

_____ ist leichter als _____

_____ ist leichter als _____

b) Sortiere deine sechs Gegenstände nach dem Gewicht. Beginne mit dem leichtesten Gegenstand.

_____

_____

c) Was kannst du nicht mit der Kleiderbügelwaage messen?

_____

_____

2. Stimmen diese Aussagen? Schreibe „ja" oder „nein" dahinter.

Meine gefüllte Brotbox ist leichter als meine Kinderschere.	
Mein Bleistift ist leichter als mein Füller.	
Mein Zeichenblock ist leichter als mein gefülltes Mäppchen.	
Mein Spitzer ist leichter als ein Heftumschlag.	

★★ | 👤

3. Vergleiche. Setze ein: > oder < oder =.

1 kg 230 g	☐	1 320 g	9 t 36 kg	☐	936 kg
3 450 g	☐	34 kg 50 g	3,05 t	☐	3 050 kg
4,500 g	☐	4 500 g	$\frac{3}{4}$ t	☐	3 400 kg
7 kg 5 g	☐	7 050 g	6 030 kg	☐	0,603 t
0 kg 34 g	☐	340 g	7 kg	☐	0,070 t

Lerntheke 3

4.2 Würfel-Stellenwert-Spiel: Wer wird Gewichtsheber-Champion?

★★ | 👥👥

Suche dir einen Partner. Würfelt abwechselnd.
Nach einem Wurf trägt der Spieler sofort die
gewürfelte Ziffer in ein Feld der Stellenwerttafel ein.
Gewonnen hat, wer nach vier Würfen (Variante 1)
oder sieben Würfen (Variante 2) das größte oder
kleinste Gewicht „erwürfelt" hat.

Variante 1   Beispiel

Name des Siegers	kg	g		
Beispiel	6	5	6	1
a)				
b)				
c)				
d)				
e)				
f)				

Variante 2   Beispiel

Name des Siegers	t	kg		g		
Beispiel	6	6	4	3	2	1	1
a)						
b)						
c)						
d)						
e)						
f)						

Lerntheke 3

5 Rechnen mit Gewichten

5.1 Trimino

★★★ | 👤

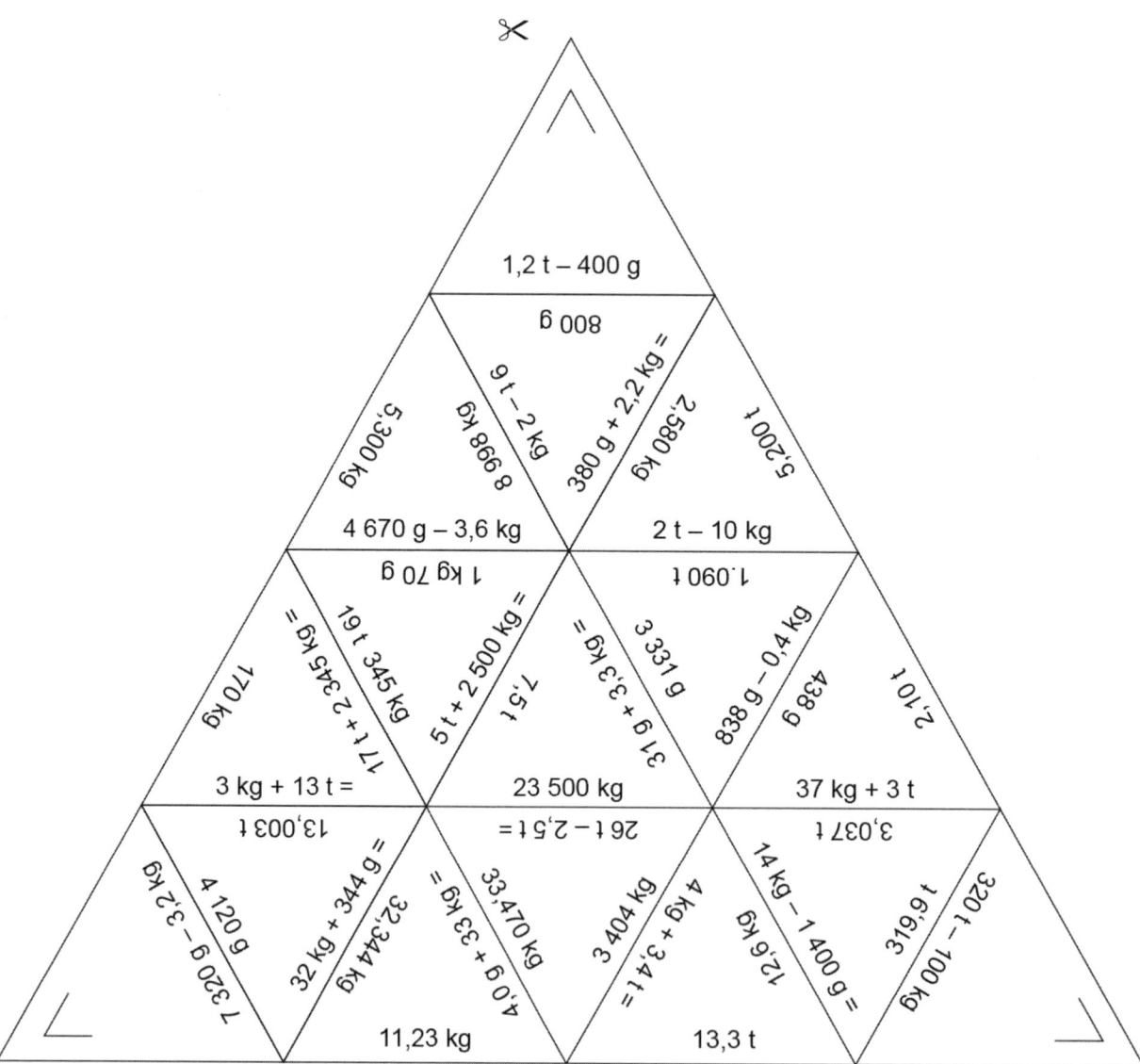

Lerntheke 3

5.2 Sachaufgaben ausdenken

★ | 👤 oder 👥

Suche dir zwei Bilder aus. Schreibe jeweils eine Rechengeschichte dazu. Sie soll Gewichtsangaben enthalten. Denke dir eine Frage aus, berechne und schreibe die Antwort dazu. Lass andere deine Aufgaben rechnen und berechne selbst zwei Aufgaben eines Mitschülers.

Lerntheke 3

1 Messgeräte für Gewichte

Ordne die Nummer unter den Bildern den Namen zu. Was (Gegenstand, Lebewesen) kannst du jeweils abwiegen?

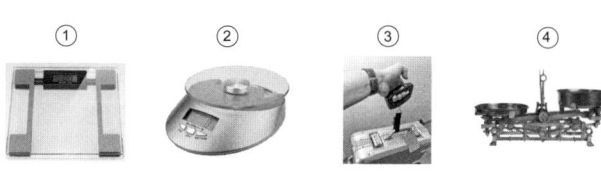

 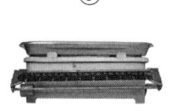 

Nr.	Messgerät	Gewicht von ...
1.	Federwaage/Personenwaage	Personen
5.	Neigungswaage/Briefwaage/ Papierwaage	Briefe, Papier
3.	Digitale Hängewaage/ Kofferwaage	Koffer
4.	Tafelwaage	Gemüse, Obst
6.	Laufgewichts-Balkenwaage/ Küchenwaage	Mehl, Zucker
2.	Digitale Küchenwaage	Mehl, Zucker
7.	Schalenwaage/Babywaage	Baby

---

2 Gewichte schätzen und messen

2.1 Schätzen und wiegen

1. a) Gewichtssatz: Welche Gewichte gibt es in einem Gewichtssatz (und wie oft)?

1 x 1 g, 1 x 5 g, 1 x 20 g, 2 x 2 g, 2 x 10 g, 1 x 50 g,

2 x 100 g, 1 x 500 g, 1 x 200 g 1 x 1 000 g

b) Schätze das Gesamtgewicht der Gewichtsstücke. 2 kg

d) Zusatzfrage: Wieso gibt es kein 3 g Gewichtsstück?

Vorschlag: Man kann mit den Gewichten des Gewichtssatzes alle

Gewichte „herstellen". 3 g kann man aus 1 g + 2 g ableiten.

2. b) Finde den leichtesten und den schwersten Gegenstand.

Leichtester Gegenstand: Bleistift / schwerster Gegenstand: Schulranzen

c) Sortiere die Gegenstände nach dem Gewicht. Beginne mit dem leichtesten Gegenstand.

Bleistift 2–3 g, Bleistiftspitzer als Runddose 10 g, Geodreieck 19 g,

Klebestift groß 40 g, Rechenheft (DIN A4, 16 Blatt) 90 g, Malkasten

(12 Farben + Deckweiß) 272 g, Rechenbuch 400–600 g,

Schulranzen (leer) ca. 1 000 g

---

2. Nimm eine Waage und suche einen Gegenstand, der jeweils genau das Gewicht besitzt. Merke dir diese Gegenstände.

Ich merke mir:

Individuelle Lösungen

_____ ist 1 g schwer.

_____ ist 100 g schwer.

_____ ist 500 g schwer.

_____ ist 1 kg schwer.

3. Ordne die Bilder den Gewichten zu. Schreibe den passenden Buchstaben zu den Bildern.

Die Lösungswörter lauten: **P E R F E K T   G E L O E S T**

1 Tafel Schokolade	100 g	P	1 Dose Erbsen	480 g	E
1 Stück Butter	250 g	R	1 Tüte Milch	1 000 g	F
1 Sack Kartoffeln	2 kg	E	1-Cent-Stück	2,3 g	K
Fliege	(80 g) < 1 g	T	Schnecke	20–30 g	G
Nilpferd	2,5 t	E	Zebra	360 kg	L
Ei	50–80 g	O	Bagger	2,5–3 t	E
Kind	35 kg	S	Toilettenpapier	140 g	T

---

4. a) Umkreise die Dinge, die schwerer als 1 kg sind.

b) Notiere noch jeweils fünf Dinge, die leichter/schwerer als 1 kg sind.

leichter als 1 kg	schwerer als 1 kg
Individuelle Lösungen	

3 Gewichte umwandeln

3.1 Stellenwerttabelle

1. Trage die gegebene Gewichtsangabe in die Stellenwerttabelle ein.
Schreibe die Angaben anschließend in der gemischten Schreibweise.

	kg		g		
Bsp.: 1,067 kg	1	0	6	7	1 kg 67 g
a) 4,243 kg	4	2	4	3	4 kg 243 g
b) 0,019 kg			1	9	0 kg 19 g
c) 7 296 g	7	2	9	6	7 kg 296 g
d) 539 g		5	3	9	0 kg 539 g
e) 91 g			9	1	0 kg 91 g
f) 5 g				5	0 kg 5 g

2. Schreibe die Angaben in der Kommaschreibweise.

	t		kg		
Bsp.: 4 597 kg	4	5	9	7	4,597 t
a) 4 003 kg	4	0	0	3	4,003 t
b) 7 kg				7	0,007 t
c) 3 t 575 kg	3	5	7	5	3,575 t
d) 8 t 84 kg	8	0	8	4	8,084 t
e) 2 t 2 kg	2	0	0	2	2,002 t

3. Für Profis! Wandle um.

5 000 000 g = ___5___ t   9 t = ___9 000 000___ g

7 888 000 g = ___7,888___ t   6,3 t = ___6 300 000___ g

KV 5
Lösungen

4 Gewichte vergleichen

4.1 Kleiderbügelwaage

1. a) Vergleiche mit der Kleiderbügelwaage sechs verschiedene
Gegenstände deiner Wahl und ergänze die Sätze.

_____ ist leichter als _____

Individuelle Lösungen   ist leichter als _____

_____ ist leichter als _____

b) Sortiere deine sechs Gegenstände nach dem Gewicht. Beginne mit
dem leichtesten Gegenstand.

Individuelle Lösungen

c) Was kannst du nicht mit der Kleiderbügelwaage messen?

Individuelle Lösungen

2. Stimmen diese Aussagen? Schreibe „ja" oder „nein" dahinter.

Meine gefüllte Brotbox ist leichter als meine Kinderschere.	nein
Mein Bleistift ist leichter als mein Füller.	ja
Mein Zeichenblock ist leichter als mein gefülltes Mäppchen.	ja
Mein Spitzer ist leichter als ein Heftumschlag.	nein

3. Vergleiche. Setze ein: > oder < oder =.

1 kg 230 g $<$ 1 320 g   9 t 36 kg $>$ 936 kg

3 450 g $<$ 34 kg 50 g   3,05 t $=$ 3 050 kg

4,500 g $=$ 4 500 g $\frac{3}{4}$ t $<$ 3 400 kg

7 kg 5 g $<$ 7 050 g   6 030 kg $>$ 0,603 t

0 kg 34 g $<$ 340 g   7 kg $<$ 0,070 t

KV 7
Lösungen

Lerntheke 3

Lerntheke 4
Zeit

Diese Lerntheke befasst sich mit dem Größenbereich „Zeit".

Übersicht

1	**Zeit messen – Zeitmesser**	Die Schüler lernen verschiedene Zeitmesser kennen. Die Schüler unterscheiden zwischen Zeitspanne und Zeitpunkt. Die Schüler bauen eine Digitaluhr und stellen Uhrzeiten ein.	★★ | 👤 ★ | 👤
2	**Zeitspannen schätzen und messen**	Die Schüler schätzen spielerisch die Dauer einer Minute. Die Schüler kennen die Dauer einiger Abläufe. Die Schüler messen Zeitspannen und lesen Zeitpunkte ab.	★ | 👥👥 oder 👥👥👥 ★ | 👤 ★ | 👤 und 👥👥 oder 👥👥👥 ★ | 👤 oder 👥👥
3	**Zeitspannen umwandeln**	Die Schüler rechnen die Einheiten h, min und s sowie d und Wochen um.	★ | 👥👥 oder 👥👥👥
4	**Zeiten vergleichen**	Die Schüler vergleichen auf verschiedene Weise Zeiten miteinander.	★★ | 👤
5	**Zeiteinheiten**	Die Schüler ordnen Zeiteinheiten einem Vorgang zu.	★★ | 👤
6	**Rechnen mit Zeitspanne und Zeitpunkt**	Die Schüler rechnen mit dem Zeitstrahl. Die Schüler rechnen mit Zeitspannen und Zeitpunkten. Die Schüler verfassen eigene Textaufgaben.	★★★ | 👤 ★★ | 👤 ★★★ | 👥👥 oder 👥👥👥 ★★★ | 👤 und 👥👥👥

1   Zeit messen

1.1   Zeit messen – Zeitmesser

★★ | 👤

1. Was haben diese Dinge mit der Zeitmessung zu tun? Erkläre.

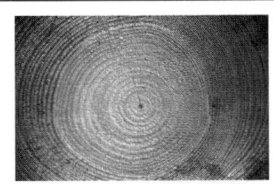	

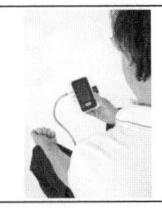	
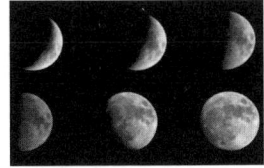	

★★ | 👤

2. a) Wie nennt man diese Zeitmesser?
  b) Misst du mit dem Gerät eine Zeitspanne oder liest du einen Zeitpunkt ab? Notiere.

_____   _____   _____

_____   _____   _____

_____   _____   _____

_____   _____   _____

Lerntheke 4

1.2 Eine Digitaluhr bauen

1. Schneide die Vorlagen aus und baue dir eine Digitaluhr.

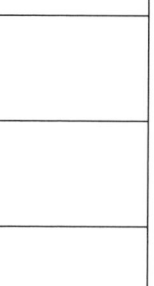

0	0	0	0
1	1	1	1
2	2	2	2
	3	3	3
	4	4	4
	5	5	5
	6		6
	7		7
	8		8
	9		9

 :

Lerntheke 4

2. Wieso brauchst du nicht bei jedem Streifen die Ziffern 0 bis 9?

_____

_____

3. Stelle die Uhrzeit auf der Digitaluhr ein und schreibe deine Lösungen (morgens und abends) auf.

morgens   **abends**

☐ ☐ : ☐ ☐   ☐ ☐ : ☐ ☐

Viertel nach zwei (viertel drei)

☐ ☐ : ☐ ☐   ☐ ☐ : ☐ ☐

Viertel vor fünf (dreiviertel fünf)

☐ ☐ : ☐ ☐   ☐ ☐ : ☐ ☐

acht Minuten vor zehn Uhr

☐ ☐ : ☐ ☐   ☐ ☐ : ☐ ☐

zwölf Minuten nach zwölf Uhr

☐ ☐ : ☐ ☐   ☐ ☐ : ☐ ☐

20 Minuten bis ein Uhr

☐ ☐ : ☐ ☐   ☐ ☐ : ☐ ☐

vierundzwanzig Minuten bis zwei

☐ ☐ : ☐ ☐   ☐ ☐ : ☐ ☐

dreiunddreißig Minuten bis sechs Uhr

Lerntheke 4

KV 2
Seite 2 von 2

2 Zeitspannen schätzen und messen

2.1 Spiel: Verliere nicht den Kopf!

★ | 👥 oder 👥👥

Suche dir mindestens einen Mitspieler. Ein Spieler ist der Zeitwächter. Er stoppt die Zeit. Alle anderen Spieler legen ihren Kopf auf den Tisch und schließen die Augen. Wer denkt, dass 1 Minute vergangen ist, hebt den Kopf. Der Zeitwächter schreibt die jeweilige Zeit auf. Wer der Minute am nächsten war, ist Sieger. Beim nächsten Durchlauf wechselt der Zeitwächter.

Name	Zeit	Rundensieger

Lerntheke 4

Name: _____   Datum: _____

2.2 Vergleichsgrößen finden

★ | 👤

1. a) Schätze. Wofür brauchst du …

…1 Sekunde?

Tätigkeit			
Zeitspanne (gemessen)			

…1 Minute?

Tätigkeit			
Zeitspanne (gemessen)			

… 1 Stunde?

Tätigkeit			

b) Kontrolliere. Stoppe deine Vermutungen für 1 Sekunde und 1 Minute. Schreibe die gemessene Zeit in der Tabelle auf.

c) Markiere deine beste Schätzung jeweils grün.

★ | 👤

2. Schreibe passende Zeitspannen auf.

Ich merke mir:	
_____	ist 1 s lang.
_____	ist 1 min lang.
_____	ist 1 h lang.

Du kannst dir auch merken: Mein Puls ist in 1 Minute etwa _____.

Du solltest beim Messen nicht aufgeregt sein und dich setzen. Ertaste mit Zeige- und Mittelfinger am Handgelenk oder am Hals eine Minute lang deinen Puls und zähle die Schläge. Bei Kindern sollten es ca. 100 Schläge in einer Minute sein.

Lerntheke 4

2.3 Zeitspannen stoppen

★ | 🔲

1. Weißt du, wie eine Stoppuhr funktioniert?
Beschrifte die Stoppuhr mit folgenden Begriffen:

*Startknopf, Rückstellknopf, Stoppknopf, Ring, Gehäuse, Minutenzeiger,
Sekundenzeiger, Zehntelsekundenzeiger*

★ | 🔲 und 🔲🔲 oder 🔲🔲🔲

2. Arbeite mit einem Partner. Stoppt euch gegenseitig. Wie lange braucht ihr
für folgende Tätigkeiten? Notiert die jeweilige Zeitspanne.

Tätigkeit	Mein Partner (1. Versuch)	Mein Partner (2. Versuch)	Ich (1. Versuch)	Ich (2. Versuch)
Schuhe an- u. ausziehen				
auf einem Bein stehen				
schauen, ohne zu blinzeln				
„Pinguin" im Wörterbuch				

Lerntheke 4

2.4 Zeitpunkte ablesen

⭐ | 👤 oder 👥

Schneide die Karten aus. Knicke sie in der Mitte und klebe sie zusammen.
Sieh dir die Uhr an und nenne die beiden möglichen Uhrzeiten. Kontrolliere
dich mit der Rückseite. Du kannst auch mit einem Partner üben.

✂

	6.15 Uhr 38 Sekunden 18.15 Uhr 38 Sekunden		11.55 Uhr 22 Sekunden 23.55 Uhr 22 Sekunden
	12.59 Uhr 57 Sekunden 0.59 Uhr 57 Sekunden		12.29 Uhr 57 Sekunden 0.29 Uhr 57 Sekunden
	2.44 Uhr 37 Sekunden 14.44 Uhr 37 Sekunden		9.29 Uhr 57 Sekunden 21.29 Uhr 57 Sekunden
	5.00 Uhr 11 Sekunden 17.00 Uhr 11 Sekunden		11.05 Uhr 49 Sekunden 23.05 Uhr 49 Sekunden
	11.57 Uhr 55 Sekunden 23.57 Uhr 55 Sekunden		5.07 Uhr 50 Sekunden 17.07 Uhr 50 Sekunden
	11.57 Uhr 20 Sekunden 23.57 Uhr 20 Sekunden		4.14 Uhr 38 Sekunden 16.14 Uhr 38 Sekunden

Lerntheke 4

Cornelsen

Lerntheke Mathematik 3/4 Messen und Größen

KV 6

3 Zeitspannen umwandeln

3.1 Spiel: Fang den Fisch!

★ | 👥 oder 👥

Umwandlungsübersicht

Erinnerung:

1 h = 60 min

    1 min = 60 s

$\frac{1}{4}$ h = 15 min; $\frac{1}{2}$ h = 30 min; $\frac{3}{4}$ h = 45 min

1 Tag (1 d) = 24 h   1 Woche = 7 Tage

1 Monat = 4 Wochen (+ 0 bis 3 Tage) ~ 30 Tage

1 Jahr (1 a) = 52 Wochen = 12 Monate = 365/366 Tage

Suche dir einen Partner. Schneidet die Umwandlungskarten aus, knickt die Lösung nach hinten und klebt sie fest. Legt die Karten mit der Aufgabenseite nach oben offen auf den Tisch. Jeder benötigt noch eine Spielfigur und einen Würfel. Ein Spieler ist „Pinguin" und beginnt mit seiner Spielfigur auf dem Feld „Pinguin". Der andere ist „Fisch" und beginnt entsprechend auf dem Feld „Fisch".

Nun startet die Verfolgungsjagd: Der Pinguin versucht, den Fisch zu fressen; dieser wiederum versucht, sich hinter der schützenden Schildkröte zu verstecken. Würfle zweimal mit einem Würfel. Die erste gewürfelte Ziffer ist die Zehnerziffer, die zweite Würfelziffer ist die Einerziffer. So erhältst du die Nummer von deiner Umwandlungsaufgabe. (Beispiel: Zuerst eine „2" und dann eine „6" gewürfelt, bedeutet, dass du die Nr. 26 lösen sollst.) Du hast eine Minute Zeit, um die richtige Lösung zu nennen. Lege dir Stift und Papier bereit. Bei richtiger Lösung darfst du ein Feld vorgehen, bei falscher oder nicht gelöster Aufgabe musst du ein Feld zurück.

Lerntheke 4

Fang den Fisch! – Spielfeld

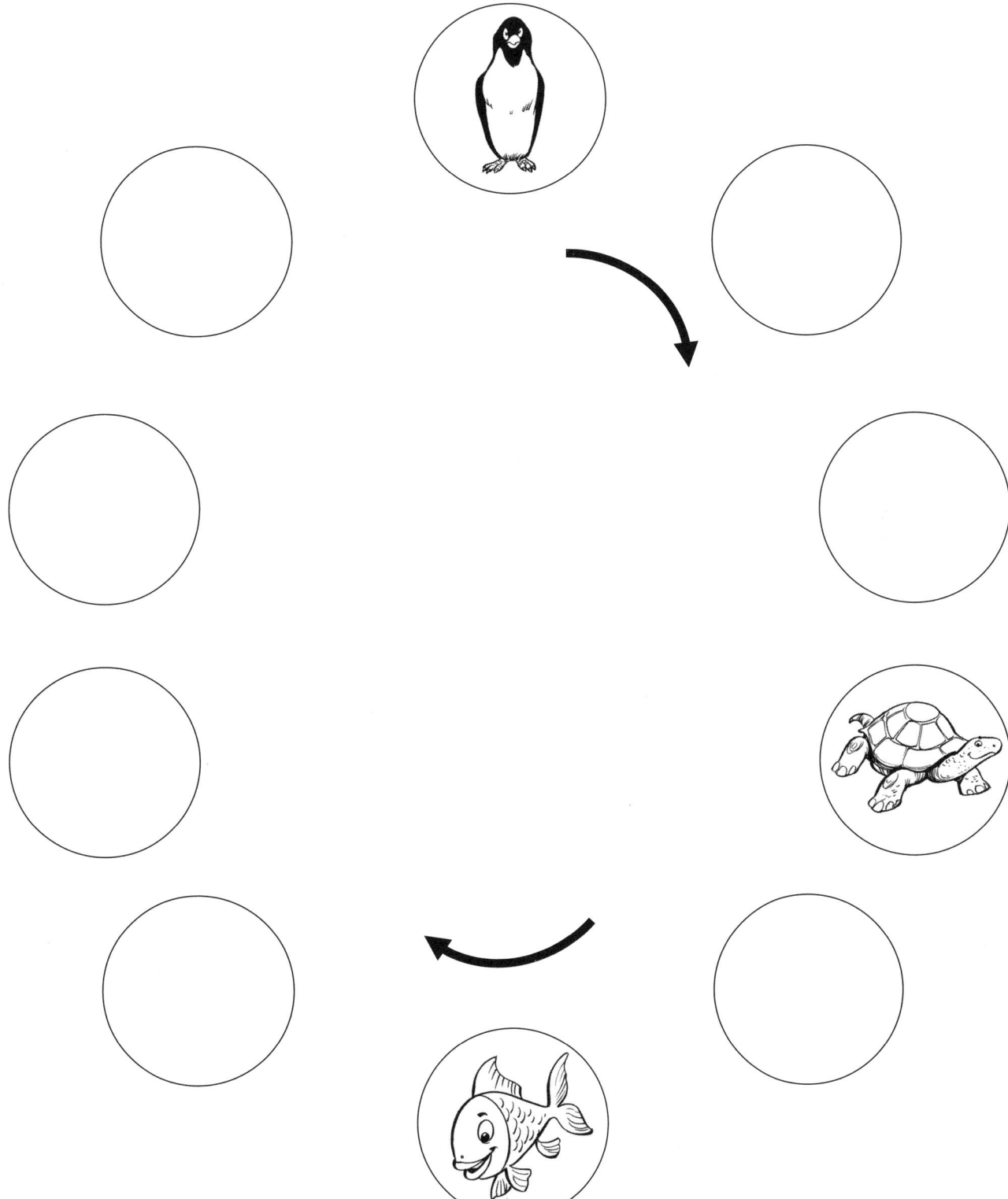

Lerntheke 4

Fang den Fisch! – Umwandlungsaufgaben

Schneide die Streifen aus. Klappe die Lösung nach hinten und klebe sie fest.

Nr.	Aufgabe	Nr.	Lösung
11	Wandle um in h: 5 d 23 h	11	143 h
12	Wandle um in h: 2 d 6 h	12	54 h
13	Wandle um in h: 10 d 19 h	13	259 h
14	Wandle um in h: 3 d 4 h	14	76 h
15	Wandle um in min: 6 h 13 min	15	373 min
16	Wandle um in min: 2 h 53 min	16	173 min
21	Wandle um in min: 4 h 27 min	21	267 min
22	Wandle um in min: 10 h 42 min	22	642 min
23	Wandle um in min: 3¼ h	23	195 min
24	Wandle um in min: 4 ½ h	24	270 min
25	Wandle um in min: 2 ¾ h	25	165 min
26	Wandle um in min: 5 ¾ h	26	345 min
31	Wandle um in s: 11 min 4 s	31	664 s
32	Wandle um in s: 7 ¾ min	32	465 s
33	Wandle um in s: 8 min 12 s	33	492 s
34	Wandle um in s: 6 ½ min	34	390 s
35	Wandle um in s: 9 min 34 s	35	574 s
36	Wandle um in s: 1 ¼ min	36	75 s

Nr.	Aufgabe	Nr.	Lösung
41	Wandle um in s: 5 min 16 s	41	316 s
42	Wandle um in s: 5 ¼ min	42	315 s
43	Wandle um in h u. min: 230 min	43	3h 50 min
44	Wandle um in h u. min: 345 min	44	5h 45 min
45	Wandle um in h u. min: 520 min	45	8h 40 min
46	Wandle um in h u. min: 173 min	46	2h 53 min
51	Wandle um in min u. s: 410 s	51	6min 50s
52	Wandle um in min u. s: 650 s	52	10min 50s
53	Wandle um in min u. s: 325 s	53	5min 25 s
55	Wandle um in min u. s: 270 s	55	4min 30 s
54	Wandle um in d: 7 Wochen 3 d	54	52 d
56	Wandle um in d: 9 Wochen 6 d	56	69 d
61	Wandle um in d: 4 Wochen 2 d	61	30 d
62	Wandle um in d: 12 Wochen 1 d	62	85 Wochen
63	Wandle um in Wochen: 1 Jahr	63	52 Wochen
64	Wandle um in Monate: 3 Jahre 5 Monate	64	41 Monate
65	Wandle um in d: 1 Jahr	65	365/366 d
66	Wandle um in Monate: 4 Jahre 4 Monate	66	52 Monate

Lerntheke 4

4   Zeiten vergleichen

★★ | ▲

1. Hier sind verschiedene Tätigkeiten. Bilde zehn Sätze, indem du zwei Tätigkeiten richtig verbindest mit „… dauert etwa so lange wie …" oder „ …benötigt mehr Zeit als …" oder „… benötigt weniger Zeit als …". Schreibe in dein Heft.

> *ein Ei abkochen – eine Amsel brütet – Siebenschläfer Winterschlaf halten – eine Unterrichtsstunde erleben – Kresse säen und ernten – einen Kuchen backen – von Hamburg nach München mit dem Auto fahren – ein Flug von Frankfurt nach Mallorca – einen Brief innerhalb Deutschland verschicken – einmal duschen – ein Lied hören – auf eine Leiter steigen – mein Schulweg – Zähne putzen – ein Fußballspiel spielen – einen Kinofilm anschauen – ein Glas Saft einschenken – ein Teelicht abbrennen lassen – eine Runde Achterbahn fahren*

★★ | ▲

2. Vergleiche. Setze ein: > oder < oder =.

1 h	☐	100 min
2 h	☐	50 min
230 min	☐	3 h 30 min
620 min	☐	10 h 20 min
36 h	☐	3 Tage 6 h
25 h	☐	1 Tag 1 h
27 Monate	☐	2 Jahre 7 Monate
9 min	☐	90 s
2 min	☐	120 s
3 min 10 s	☐	130 s
5 min 14 s	☐	354 s
3 Wochen 4 Tage	☐	14 Tage
4 Wochen 3 Tage	☐	31 Tage
14 Monate	☐	1 Jahr 1 Monat

© 2014 Cornelsen Schulverlage GmbH, Berlin. Alle Rechte vorbehalten.

Lerntheke 4

Lerntheke Mathematik 3/4 Messen und Größen

KV 8

5   Zeiteinheiten

★★ | 👤

Welche Zeiteinheit würdest du jeweils wählen? Schreibe sie dahinter.
Es sind auch manchmal mehrere Einheiten möglich.

Zirkusvorstellung		deine Geburtstagsfeier		einmal duschen	

100-m-Lauf		dein Lebensalter		Kochdauer von Nudeln	

Sommerferien		Klassenarbeit		Musikstück	

Zeit seit dem Leben der Pharaonen		Zugfahrt von Berlin nach Stuttgart		Treppensteigen vom 1. in den 9. Stock	

Zeit seit der Erfindung des Autos		deine gesamte Schulzeit		deine Unterrichtszeit an einem Tag	

Zeit zwischen Sonnenaufgang und Sonnenuntergang		Alter eines Säuglings		7er-Reihe aufsagen	

Tee kochen		ein Sudoku lösen		beim Bäcker einkaufen	

Haare schneiden lassen		morgens komplett anziehen		Reifezeit von Äpfeln	

Alter eines Mammutbaumes		Fahrt in einem Riesenrad		eine Skiabfahrt	

Lerntheke 4

Lerntheke Mathematik 3/4 Messen und Größen

KV 9

6 Rechnen mit Zeitspanne und Zeitpunkt

6.1 Rechnen mit dem Zeitstrahl

★★★ | 👤

Beispiel:

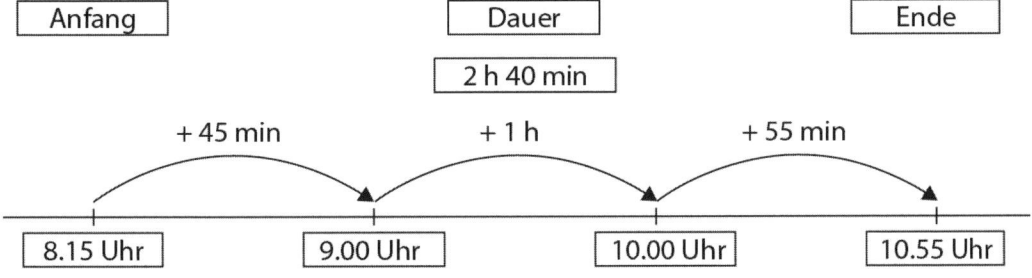

1. a) Aufgabenart 1: Zeitdauer gesucht

| Anfang | Dauer | Ende |

| | | |

10.23 Uhr   12.11 Uhr

b) Aufgabenart 2: Endzeit gesucht

| Anfang | Dauer | Ende |
| 2 h 42 min |

15.37 Uhr

c) Aufgabenart 3: Anfangszeit gesucht

| Anfang | Dauer | Ende |
| 1 h 25 min |

                                                             19.42 Uhr

Lerntheke 4

★★★ | ⚊

2. a) Marios Lieblings-Kindersendung beginnt um 16.30 Uhr und dauert 42 Minuten. (Aufgabenart _____)

Frage: _____

Rechnung:

| Anfang | | Dauer | | Ende |

| | | [   ] | | |

| [   ] | | | [   ] |

Antwort: _____

b) Die Kinovorstellung beginnt um 18.15 Uhr und endet um 20.42 Uhr. (Aufgabenart _____)

Frage: _____

Rechnung:

| Anfang | | Dauer | | Ende |

| | | [   ] | | |

| [   ] | | | [   ] |

Antwort: _____

c) Um 14.32 Uhr endet der Gitarrenunterricht nach 45 Minuten. (Aufgabenart _____)

Frage: _____

Rechnung:

| Anfang | | Dauer | | Ende |

| | | [   ] | | |

| [   ] | | | [   ] |

Antwort: _____

★★★ | ⚊

3. Denke dir nun selbst zwei Aufgaben aus. Schreibe sie in dein Heft.

Lerntheke 4

Cornelsen
Lerntheke Mathematik 3/4 Messen und Größen

6.2 Domino: Zeitspannen und Zeitpunkte

★★ | 👤

Wie spät ist oder war es? ? **Start**	Es ist 9.26 Uhr. Wie spät ist es in 13 min?
11.56 Uhr	Es ist 10.48 Uhr. Wie spät ist es in 43 min?
11.34 Uhr	Es ist 9.49 Uhr. Wie spät ist es in 73 min?
9.01 Uhr	Es ist 11.31 Uhr. Wie spät war es vor 12 min?
9.15 Uhr	Es ist 10.22 Uhr. Wie spät war es vor 31 min?
9.06 Uhr	Es ist 0.14 Uhr. Wie spät war es vor 56 min?

9.39 Uhr	Es ist 11.34 Uhr. Wie spät ist es in 22 min?
11.31 Uhr	Es ist 10.56 Uhr. Wie spät ist es in 38 min?
11.02 Uhr	Es ist 7.33 Uhr. Wie spät ist es in 88 min?
11.19 Uhr	Es ist 9.57 Uhr. Wie spät war es vor 42 min
9.51 Uhr	Es ist 10.39 Uhr. Wie spät war es vor 93 min?
23.18 Uhr	**Ende**

Lerntheke 4

6.3   Spiel: Wer ist der schnellste 60-Minuten-Läufer?

★★★ | 👥 oder 👥

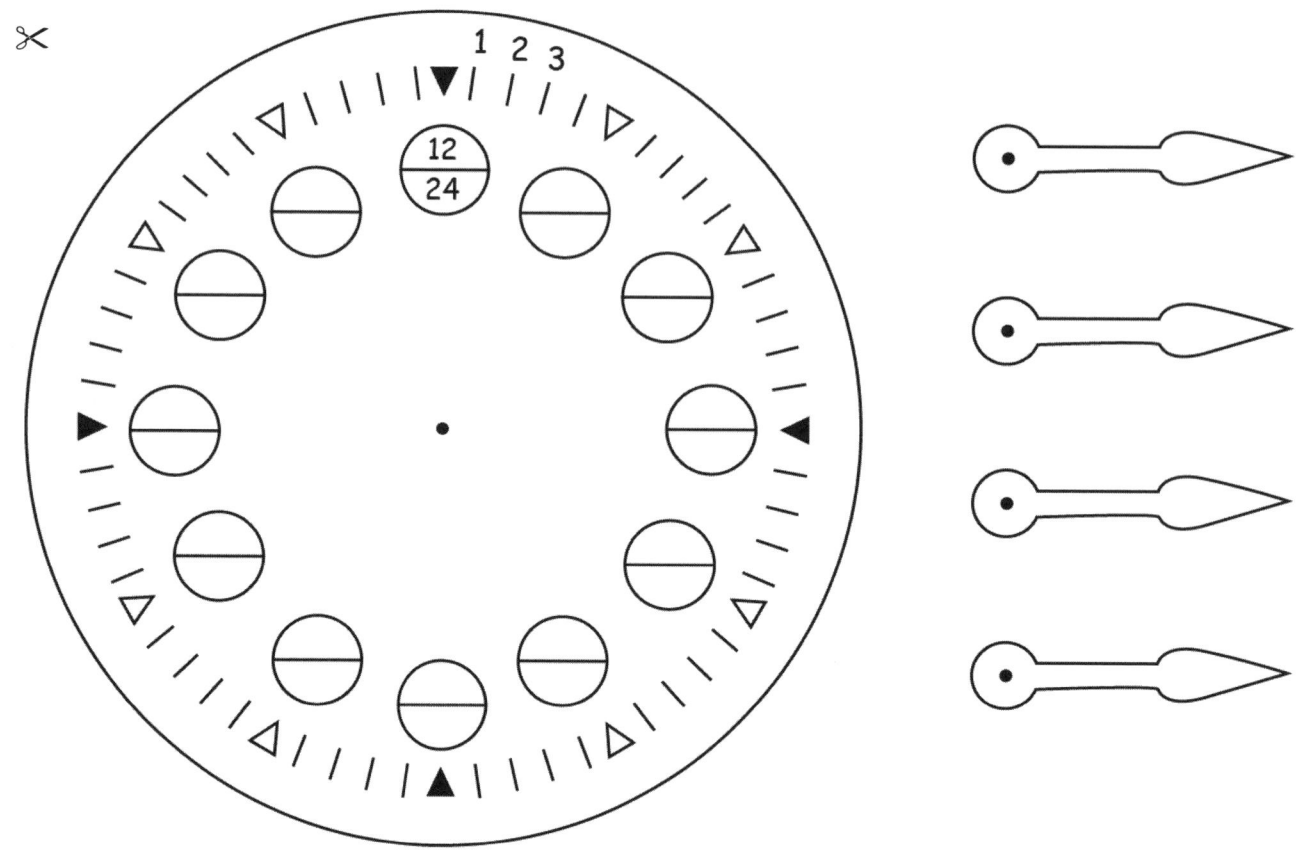

Bastelanleitung

Beschrifte zunächst das Ziffernblatt (Stunden und Minuten). Klebe Ziffernblatt und Minutenzeiger auf Pappe auf und schneide sie aus. Schreibe auf einen Minutenzeiger deinen Namen. Dieser ist nun deine „Spielfigur". Die anderen Zeiger sind für deine Mitspieler. Loche die Zeiger mit einer Lochzange oder einem Locher. Mache in der Mitte vom Zifferblatt mit einer Schere oder einem Teppichmesser einen Schlitz. Befestige mithilfe einer Musterklammer die Zeiger am Ziffernblatt. Zerschneide die Aufgabenkarten und lege sie auf einen Stapel.

Spielanleitung

Du würfelst mit einem Würfel. Der Mitspieler zu deiner rechten Seite zieht eine Aufgabenkarte und liest dir die Aufgabe vor. Löst du sie, so darfst du die gewürfelte Augenzahl im Uhrzeigersinn mit deinem Minutenzeiger weiterziehen. Hast du falsch oder gar nicht geantwortet, musst du die Augenzahl zurückgehen (gegen den Uhrzeigersinn). Es gewinnt der Spieler, der zuerst die 60 Minuten (also eine Runde) schafft.

Lerntheke 4

Spiel: Wer ist der schnellste 60-Minuten-Läufer? – Aufgabenkarten

Wie weit könnte ein Gepard in 1 min rennen?
a) ca. 500 m
b) ca. 1 km
c) ca. 2 km

Was bedeutet es, wenn ein Auto 100 Stundenkilometer fährt?
Man würde 100 km in einer Stunde zurücklegen.

Wie viele Meter kann ein Mauersegler in 1 Sekunde fliegen?
a) 10 m pro s
b) 80 m pro s
c) 100 m pro s

Wie viele Meter kann eine Hummel in 1 Sekunde fliegen?
a) 3–5 m pro s
b) 8–10 m pro s
c) 15 m pro s

Wie viele Millimeter kann eine Ackerschnecke in 1 Sekunde kriechen?
a) 5 mm pro s
b) 10 mm pro s
c) 2 mm pro s

1996 stellte Donovan Bailey den Weltrekord der Männer beim 50-Meter-Lauf auf. Wie schnell war er?
a) 5,56 s
b) 6,32 s
c) 6,55 s

Der Schweizer Peter Colat stellte den neuen Weltrekord beim Zeittauchen auf (mit einem Atemzug möglichst lange unter Wasser bleiben). Wie lange blieb er unter Wasser?
a) 5 min 32 s
b) 11 min 44 s
c) 19 min 21 s

Der Brite Tony Wright blieb 2007 266 Stunden wach. Wie viele Tage und Stunden sind dies?
a) 26 Tage und 6 Stunden
b) 10 Tage und 6 Stunden
c) 11 Tage und 2 Stunden

Aaron Hibbs hielt einen Hula-Hoop-Reifen 74 Stunden und 54 Minuten in Bewegung. Er startete dazu am 22. Oktober 2009 gegen 13 Uhr. An welchem Tag endete er?
a) 25. Oktober 2009
b) 24. Oktober 2009
c) 26. Oktober 2009

Konrad Krieger (11 Jahre) durchquerte den Ärmelkanal mit seinem Lenkdrachen. Wie lange benötigte er dazu?
a) 2 Stunden 7 Minuten
b) 2 Stunden 36 Minuten
c) 4 Stunden 12 Minuten

Ekkachai und Laksana Tiranarat (Thailand) küssten sich 58 Stunden und 35 Minuten. Wie viele Tage, Stunden und Minuten sind dies?
a) 5 d 8 h 35 min
b) 2 d 8 h 35 min
c) 2 d 10 h 35 min

Katie Ledecky ist die jüngste Weltmeisterin über 1 500 m Freistil. Sie schwamm 15 Minuten 36 Sekunden. Sie war 851 Wochen und 2 Tage alt (52 Wochen pro Jahr). Wie viele Jahre war sie?
a) 12 Jahre
b) 15 Jahre
c) 16 Jahre

Lerntheke 4

Spiel: Wer ist der schnellste 60-Minuten-Läufer? – Aufgabenkarten

Gisela Ewald (Deutschland) schrieb 16 560 min auf einer elektrischen Schreibmaschine? Wie viele Stunden sind es?
a) 165 Stunden
b) 276 Stunden
c) 376 Stunden

Wie lange brauchte Dean Gould (Großbritannien) um 3 471-mal eine Nadel einzufädeln?
a) 2 Stunden
b) 3 Stunden
c) 5 Stunden

Akshinthala Seshu Babu (Indien) stand wie lange still?
a) 30 Stunden 12 Minuten
b) 33 Stunden 22 Minuten
c) 34 Stunden 32 Minuten

Georges Christen (Luxemburg) kann eine Wärmflasche mit Lungenkraft in fast einer Viertelminute aufblasen. Wie lange brauchte er?
a) 25,2 Sekunden
b) 4,3 Sekunden
c) 16,1 Sekunden

Matthew J. Cassiere (Matt The Knife) (USA) könnte sich aus 12 Handschellen innerhalb einer Minute entfesseln. Wie lange braucht er für 1 Hand-schelle?
a) 12 Sekunden
b) 6 Sekunden
c) 5 Sekunden

Ralf Laue (Deutschland) wendete etwa 3 ½ Eierkuchen in einer Sekunde. Wie lange bräuchte er dafür, 416-mal Eierkuchen zu wenden?
a) 45 Sekunden
b) 2 Minuten
c) 5 Minuten

Al Gliniecki (USA) kann etwa 15 Kirschstiele in einer Minute mit der Zunge verknoten. Wie lange bräuchte er für 911 Stiele?
a) 1 h
b) 1 ¼ h
c) 1 ½ h

Michal Kapral (Kanada) lief einen Marathon mit Kinderwagen (Babyjogger) in 170 min. Wie viele Stunden und Minuten sind das?
a) 1 Stunde 50 Minuten
b) 2 Stunden 30 Minuten
c) 2 Stunden 50 Minuten

Hartmut Kiele konnte einen Fußball über eine Drei-viertelstunde auf dem Kopf balancieren. Wie lange balancierte er?
a) 45 Minuten 32 Sekunden
b) 75 Minuten 13 Sekunden
c) 34 Minuten 22 Sekunden

Jan van Koningsveld (Deutschland) multipliziert schnell fünfstellige Zahlen. Er löst 10 Aufgaben in 186 Sekunden. Wie viele Minuten und Sekunden sind es?
a) 3 Minuten 6 Sekunden
b) 5 Minuten 6 Sekunden
c) 8 Minuten 6 Sekunden

Kevin und Julia Sanders umrundeten die Welt auf dem Motorrad in etwas über 464 Stunden. Wie lange benötigten sie?
a) 20 d 3 h 13 min
b) 19 d 8 h 25 min
c) 17 d 11 h 28 min

Stefano Morselli (Italien) ist gut im Rückwärtsrennen (400 m in 1:17 Minuten und 800 m in 2:57 Minuten und 2 000 m in 8:36 Minuten). Wie lange meinst du braucht er für 3 km?
a) 10 Minuten 23 Sekunden
b) 12 Minuten 48 Sekunden
c) 17 Minuten 54 Sekunden

Lerntheke 4

6.4 Sachaufgaben ausdenken

★★★ | 👤 oder 👥👥

Suche dir zwei Bilder aus. Schreibe jeweils eine Rechengeschichte dazu.
Sie soll Zeitpunkte oder Zeitspannen enthalten. Denke dir eine Frage aus,
berechne und schreibe die Antwort dazu. Lass andere deine Aufgaben
rechnen und berechne selbst zwei Aufgaben eines Mitschülers.

Lerntheke 4

1 Zeit messen

1. Was haben diese Dinge mit der Zeitmessung zu tun? Erkläre.

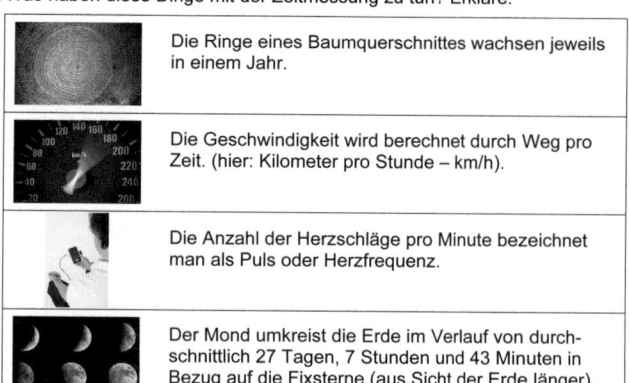

	Die Ringe eines Baumquerschnittes wachsen jeweils in einem Jahr.
	Die Geschwindigkeit wird berechnet durch Weg pro Zeit. (hier: Kilometer pro Stunde – km/h).
	Die Anzahl der Herzschläge pro Minute bezeichnet man als Puls oder Herzfrequenz.
	Der Mond umkreist die Erde im Verlauf von durchschnittlich 27 Tagen, 7 Stunden und 43 Minuten in Bezug auf die Fixsterne (aus Sicht der Erde länger).

2. a) Wie nennt man diese Zeitmesser?
b) Misst du mit dem Gerät eine Zeitspanne oder liest du einen Zeitpunkt ab? Notiere.

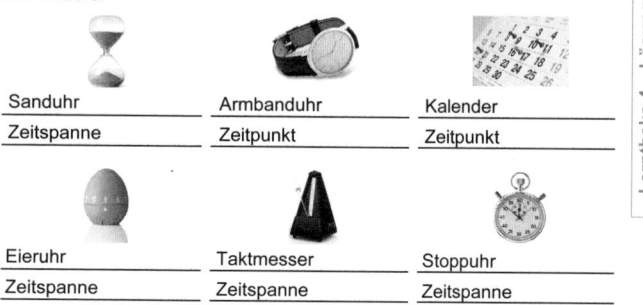

Sanduhr	Armbanduhr	Kalender
Zeitspanne	Zeitpunkt	Zeitpunkt

Eieruhr	Taktmesser	Stoppuhr
Zeitspanne	Zeitspanne	Zeitspanne

Lerntheke 4 – Lösungen

---

2 Zeitspannen schätzen und messen

2.3 Zeitspannen stoppen

1. Weißt du, wie eine Stoppuhr funktioniert?
Beschrifte die Stoppuhr mit folgenden Begriffen:

Startknopf, Rückstellknopf, Stoppknopf, Ring, Gehäuse, Minutenzeiger, Sekundenzeiger, Zehntelsekundenzeiger

Startknopf   Ring

Rückstellknopf   Stoppknopf

Minutenzeiger   Sekundenzeiger

Zehntelsekundenzeiger   Gehäuse

2. Arbeite mit einem Partner. Stoppt euch gegenseitig. Wie lange braucht ihr für folgende Tätigkeiten? Notiert die jeweilige Zeitspanne.

Tätigkeit	Mein Partner (1. Versuch)	Mein Partner (2. Versuch)	Ich (1. Versuch)	Ich (2. Versuch)
Schuhe an- u. ausziehen				
auf einem Bein stehen				
schauen, ohne zu blinzeln		Individuelle Lösungen		
„Pinguin" im Wörterbuch				

---

4 Zeiten vergleichen

3. Vergleiche. Setze ein: > oder < oder =.

1 h	<	100 min
2 h	>	50 min
230 min	>	3 h 30 min
620 min	=	10 h 20 min
36 h	<	3 Tage 6 h
25 h	=	1 Tag 1 h
27 Monate	<	2 Jahre 7 Monate
9 min	>	90 s
2 min	=	120 s
3 min 10 s	>	130 s
5 min 14 s	<	354 s
3 Wochen 4 Tage	>	14 Tage
4 Wochen 3 Tage	=	31 Tage
14 Monate	>	1 Jahr 1 Monat

Lerntheke 4 – Lösungen

---

6 Rechnen mit Zeitspanne und Zeitpunkt

6.1 Rechnen mit dem Zeitstrahl

1. a) Aufgabenart 1: Zeitdauer gesucht

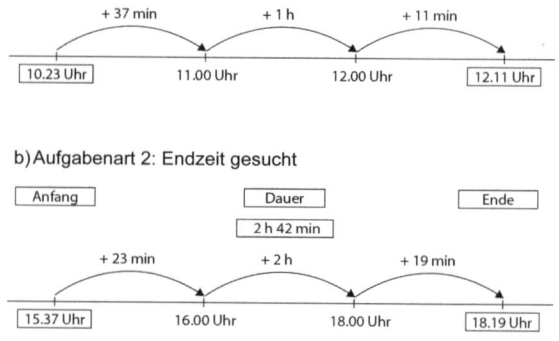

Anfang   Dauer   Ende
1 h 48 min
+ 37 min   + 1 h   + 11 min
10.23 Uhr   11.00 Uhr   12.00 Uhr   12.11 Uhr

b) Aufgabenart 2: Endzeit gesucht

Anfang   Dauer   Ende
2 h 42 min
+ 23 min   + 2 h   + 19 min
15.37 Uhr   16.00 Uhr   18.00 Uhr   18.19 Uhr

c) Aufgabenart 3: Anfangszeit gesucht

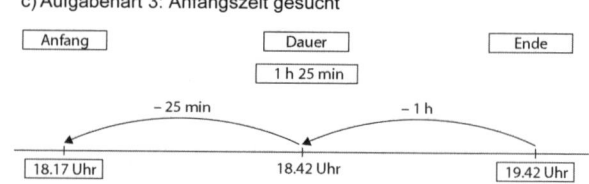

Anfang   Dauer   Ende
1 h 25 min
– 25 min   – 1 h
18.17 Uhr   18.42 Uhr   19.42 Uhr

2. a) Marios Lieblings-Kindersendung beginnt um 16.30 Uhr und dauert 42
Minuten. (Aufgabenart ___2___)

Frage: Wann endet die Kindersendung?

Rechnung:

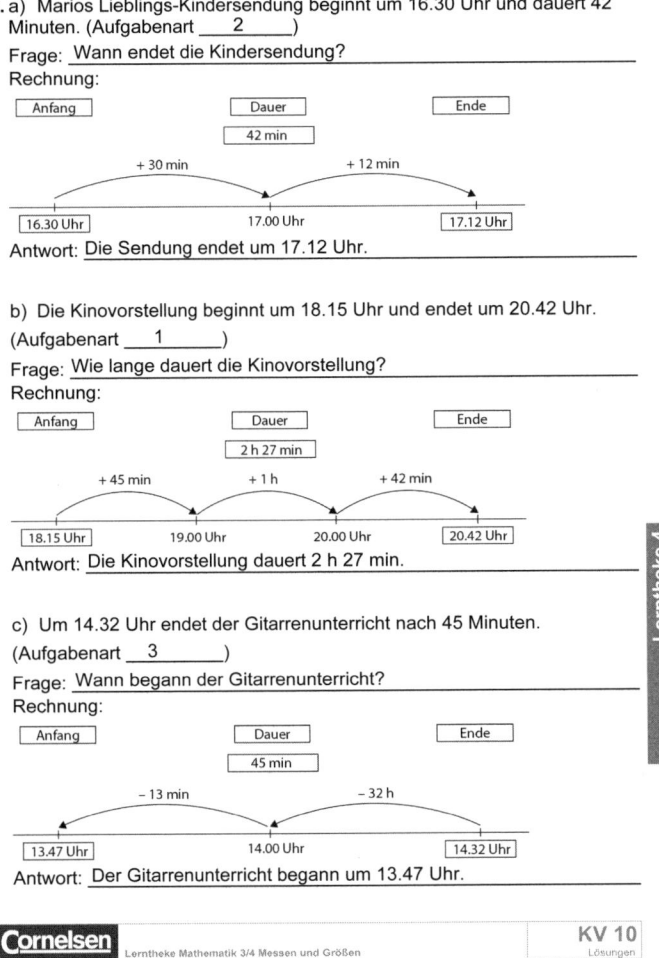

Anfang	Dauer	Ende
	42 min	

+ 30 min   + 12 min

16.30 Uhr   17.00 Uhr   17.12 Uhr

Antwort: Die Sendung endet um 17.12 Uhr.

b) Die Kinovorstellung beginnt um 18.15 Uhr und endet um 20.42 Uhr.
(Aufgabenart ___1___)

Frage: Wie lange dauert die Kinovorstellung?

Rechnung:

Anfang	Dauer	Ende
	2 h 27 min	

+ 45 min   + 1 h   + 42 min

18.15 Uhr   19.00 Uhr   20.00 Uhr   20.42 Uhr

Antwort: Die Kinovorstellung dauert 2 h 27 min.

c) Um 14.32 Uhr endet der Gitarrenunterricht nach 45 Minuten.
(Aufgabenart ___3___)

Frage: Wann begann der Gitarrenunterricht?

Rechnung:

Anfang	Dauer	Ende
	45 min	

– 13 min   – 32 h

13.47 Uhr   14.00 Uhr   14.32 Uhr

Antwort: Der Gitarrenunterricht begann um 13.47 Uhr.

Lerntheke 4

Lerntheke 5
Hohlmaße

Diese Lerntheke befasst sich mit dem Größenbereich „Hohlmaße".

Übersicht

1	**Messgeräte von Hohlmaßen**	Die Schüler messen mit geeigneten Hilfsmitteln Inhalte ab.
2	**Hohlmaße schätzen und messen**	Die Schüler schätzen und messen, wie viel ml in vorgegebene Gefäße passen.
		Die Schüler kennen die Hohlmaße einiger Gegenstände.
		Die Schüler erfahren den Zusammenhang zwischen Hohlmaß und Gewicht (Masse) bei Wasser.
		Die Schüler lesen Mengen ab und zeichnen ein.
3	**Hohlmaße umwandeln**	Die Schüler stellen Hohlmaße in verschiedenen Schreibweisen dar.
		Die Schüler rechnen die Einheiten l und ml um.
4	**Hohlmaße vergleichen**	Die Schüler vergleichen auf verschiedene Weise Hohlmaße miteinander.
5	**Mit Hohlmaßen rechnen**	Die Schüler arbeiten mit einfachen Bruchteilen.
		Die Schüler rechnen mit Hohlmaßen.
		Die Schüler verfassen eigene Textaufgaben.

1   Messgeräte von Hohlmaßen

★ | 👤 und 👥

1. a) Nichtstandardisierte Einheiten:
Miss mit einer Handvoll Linsen. Wie viele Handfüllungen brauchst du
jeweils?

Gegenstand	Handfüllungen
Trinkglas	
Kaffeetasse	

Gegenstand	Handfüllungen
Kaffeebecher	
Konservendose	

b) Vergleiche mit zwei Mitschülern. Was erkennst du?

_____

_____

_____

★ | 👤 und 👥

2. a) Standardisierte Einheiten:
Miss nun das Fassungsvermögen der Körper mit einer Cremedose (50 ml)
gefüllt mit Linsen.

Gegenstand	Cremedose
Trinkglas	
Kaffeetasse	

Gegenstand	Cremedose
Kaffeebecher	
Konservendose	

b) Miss nun das Fassungsvermögen der Körper mit einer Cremedose
gefüllt mit Wasser. (Gehe nicht verschwenderisch mit Wasser um!)

Gegenstand	Cremedose
Trinkglas	
Kaffeetasse	

Gegenstand	Cremedose
Kaffeebecher	
Konservendose	

b) Vergleiche mit zwei Mitschülern. Was erkennst du? Warum ist das so?

_____

_____

_____

Lerntheke 5

2 Hohlmaße schätzen und messen

2.1 Wie viel passt hinein?

1. a) Schätze die Reihenfolge. Nummeriere die Behälter nach ihrem Fassungsvermögen. Beginne mit dem kleinsten Behälter.

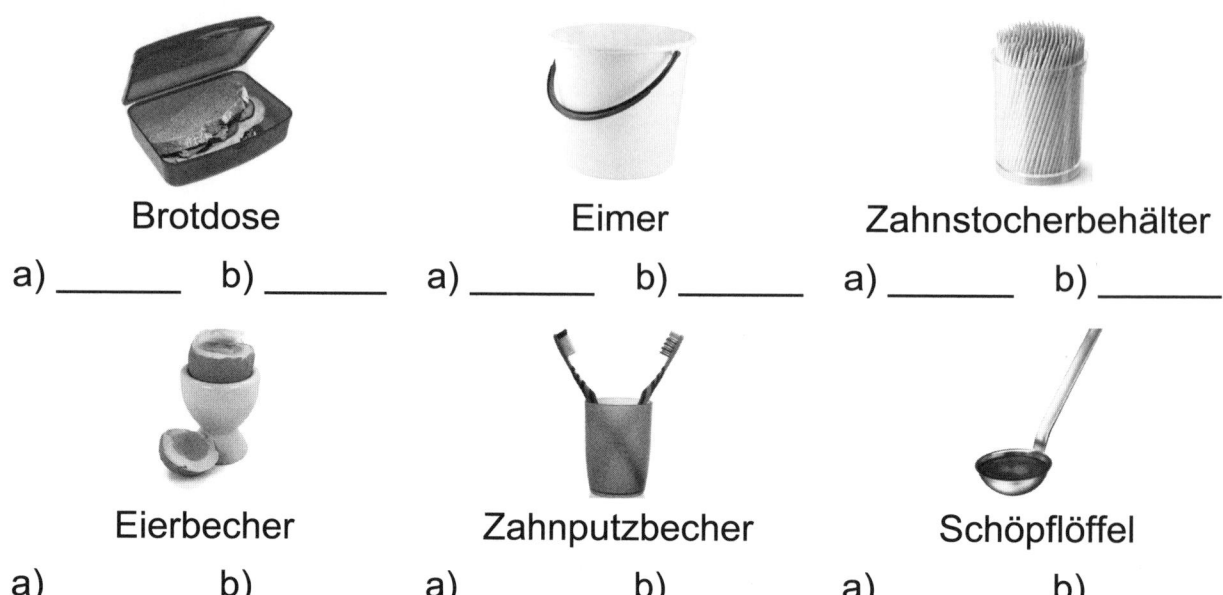

Brotdose	Eimer	Zahnstocherbehälter
a) _____ b) _____	a) _____ b) _____	a) _____ b) _____

Eierbecher	Zahnputzbecher	Schöpflöffel
a) _____ b) _____	a) _____ b) _____	a) _____ b) _____

b) Kontrolliere. Fülle in deinen kleinsten Behälter Wasser. Schütte es in den nächstgrößeren. Fülle ihn mit Wasser auf und schütte diese Wassermenge weiter in den nächstgrößeren und so weiter. (Gehe nicht verschwenderisch mit Wasser um!) Nummeriere die Behälter in der richtigen Reihenfolge neu.

2. a) Schätze, wie viele ml bzw. l in den jeweiligen Behälter passen. Schreibe in die Tabelle.

Name des Behälters	a) ml / l geschätzt	b) ml / l gemessen
Brotdose		
Eimer		
Zahnstocherbehälter		
Eierbecher		
Zahnputzbecher		
Schöpflöffel		

b) Miss das genaue Fassungsvermögen mit einem Messbecher und Wasser.

Lerntheke 5

Name: _____   Datum: _____

2.2   Vergleichsgrößen finden

⭐ | 👤

1. a) Schätze: In welche zwei Gegenstände passen …

	… 10 ml ?		… 100 ml ?	
Name des Gegenstandes				
Hohlmaß (gemessen)				

	… 500 ml ?		… 1 l ?	
Name des Gegenstandes				
Hohlmaß (gemessen)				

b) Miss deine Vermutungen nun genau und schreibe das genaue Hohlmaß in die Tabelle.

c) Markiere deine beste Schätzung jeweils grün.

⭐ | 👤

2. Nimm einen Messbecher und suche einen Gegenstand, der genau das Hohlmaß besitzt. Merke dir diese Gegenstände.

Ich merke mir:

In _____ passt 1 l.

In _____ passt $\frac{3}{4}$ l (750 ml).

In _____ passt $\frac{1}{2}$ l (500ml).

In _____ passt $\frac{1}{4}$ l (250 ml).

In _____ passt 10 ml

Lerntheke 5

2.3   1-Liter-Würfel bauen

★★★ | 👤

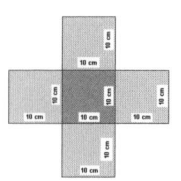

1. a) Schneide fünf Quadrate mit einer Seitenlänge von 10 cm aus.
Klebe sie mit Klebestreifen zusammen (siehe Abbildungen).
Der Würfel bleibt oben offen.

b.) In diesen 1-Liter-Würfel passen 1000 Würfel mit einer
Kantenlänge von 1 cm. Wie viele ml Wasser passen in
einen 1-cm-Würfel?

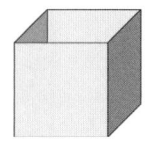

_____

Zusammenhang zwischen Hohlmaß und Gewicht

★★★ | 👤

2. a) Wiege verschiedene Dinge in deinem 1-Liter-Würfel. Fülle den Würfel
dabei immer bis zum Rand.

Füllung	Gewicht	Füllung	Gewicht

b) Was erkennst du?

_____

_____

★★★ | 👤

3. a) Lass dir einen 1-Liter-Würfel aus Plastik geben. Wiege ihn. Fülle ihn nun
mit Wasser und wiege ihn gefüllt.

Regel
1 Liter entspricht 1 _____.
Diese Regel gilt nur bei _____.

b) Schau dir einen Messbecher aus der Küche genau an. Erkläre warum
für verschiedene Lebensmittel unterschiedliche Skalen gelten.

_____

_____

Lerntheke 5

Lerntheke Mathematik 3/4 Messen und Größen

KV 4

Name: _____   Datum: _____

2.4   Mengen ablesen und einzeichnen

★★ | ♟

1. Schreibe die eingezeichneten Mengen unter den Messbecher.

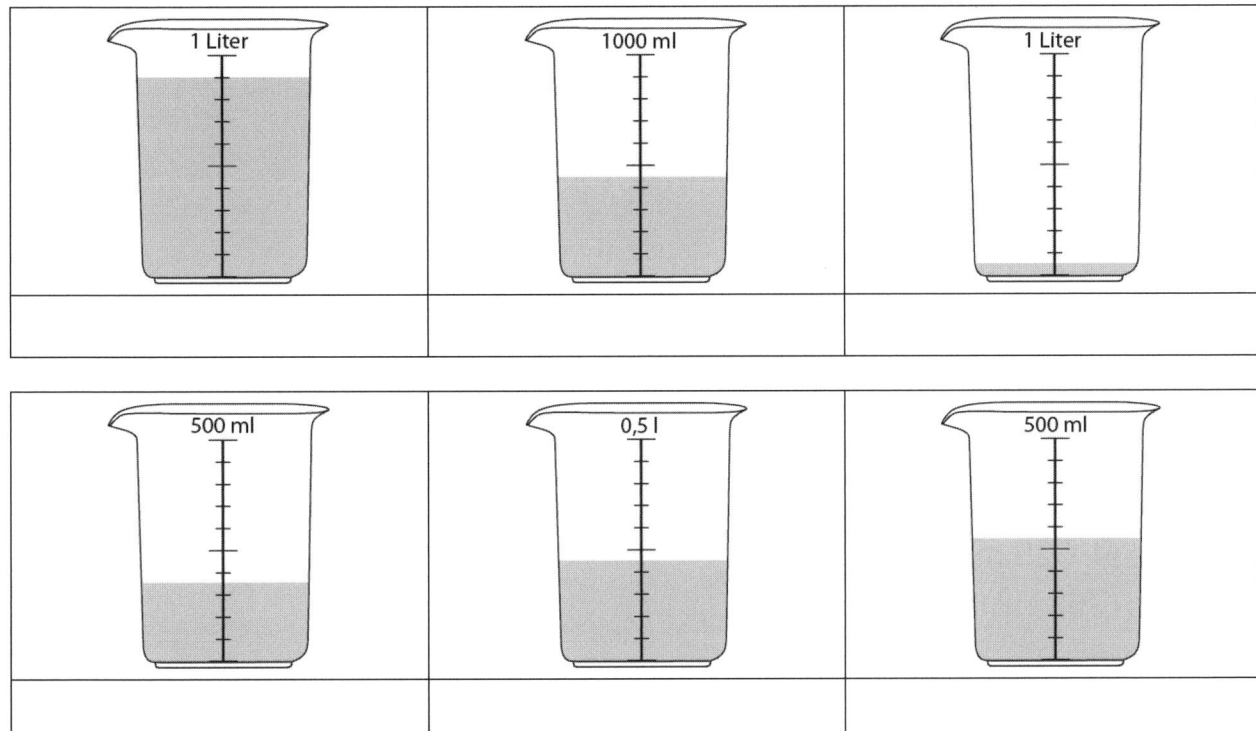

★★ | ♟

2. Zeichne die Füllhöhen in die Messbecher ein.

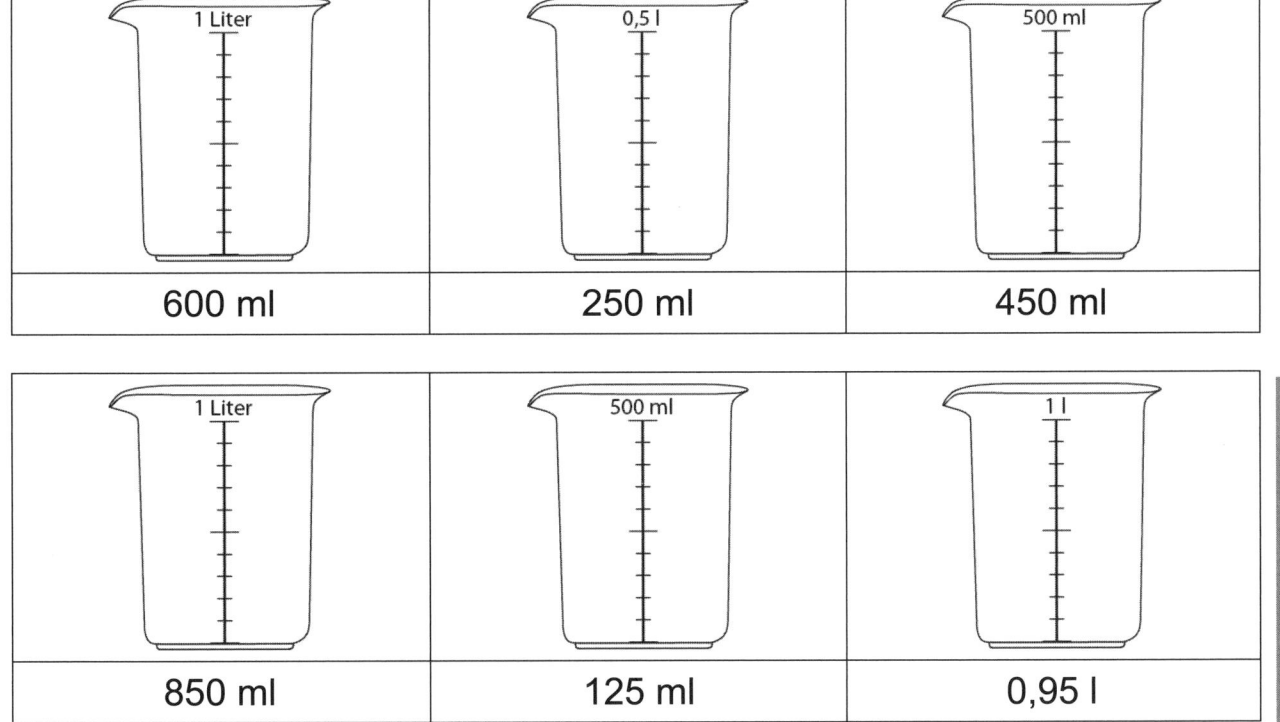

KV 5

3 Hohlmaße umwandeln

3.1 Stellenwerttabelle

> **Erinnerung:**
>
> 1 l = 1 000 ml
>
> 1 l (Wasser) entspricht 1 kg.
>
> $\frac{1}{2}$ l = 0,5 l = 500 ml $\frac{1}{4}$ l = 0,25 l = 250 ml $\frac{3}{4}$ l = 0,75 l = 750 ml

★ | ⚱

1. Trage die gegebenen Hohlmaße in die Stellenwerttabelle ein.
Schreibe die Angaben anschließend in der gemischten Schreibweise.

	l	ml			
	1	**100**	**10**	**1**	
Bsp.: 2 670 ml	2	6	7	0	2 l 670 ml
a) 1 625 ml					
b) 763 ml					
c) 46 ml					
d) 3 ml					
e) 3,7 l					
f) 0,020 l					
g) 1,002 l					

★ | ⚱

2. Schreibe die Angaben in der Kommaschreibweise.

	l	ml			
	1	**100**	**10**	**1**	
Bsp.: 4 218 ml	4	2	1	8	4,218 l
a) 1 709 ml					
b) 729 ml					
c) 32 ml					
d) 8 ml					
e) 3 l 124 ml					
f) 7 l 13 ml					
g) 1 l 1 ml					

Lerntheke 5

3.2 Flaschendrehen mal anders (Umwandlungen)

★★ | ⚊

Vorderseite

(Kreis ausschneiden, Kästchen ausschneiden, Loch in die Mitte stechen)

✂

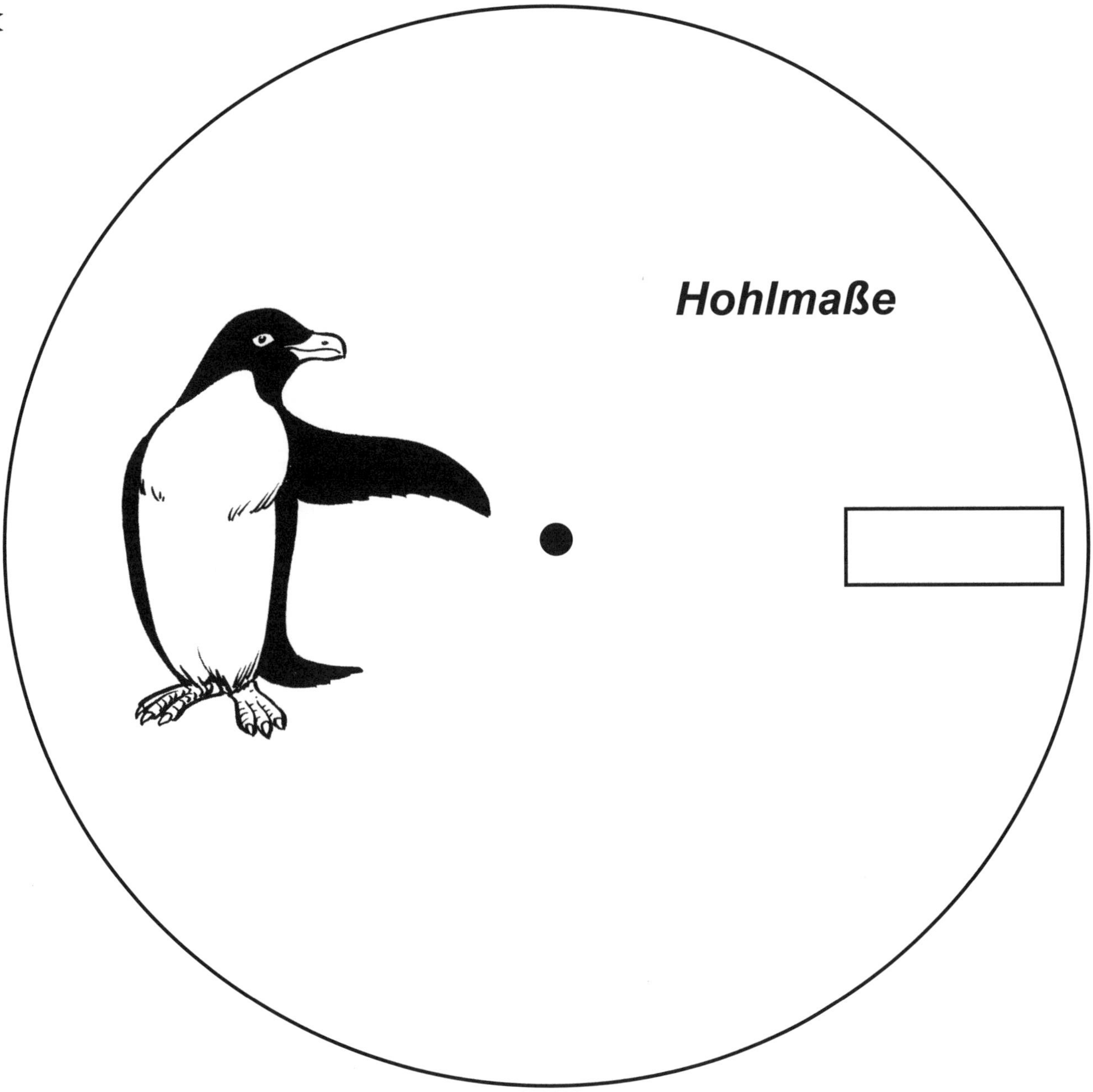

Hohlmaße

Lerntheke 5

Flaschendrehen mal anders
(Umwandlungen)

Rückseite
(Kreis ausschneiden, Kästchen ausschneiden, Loch in die Mitte stechen)

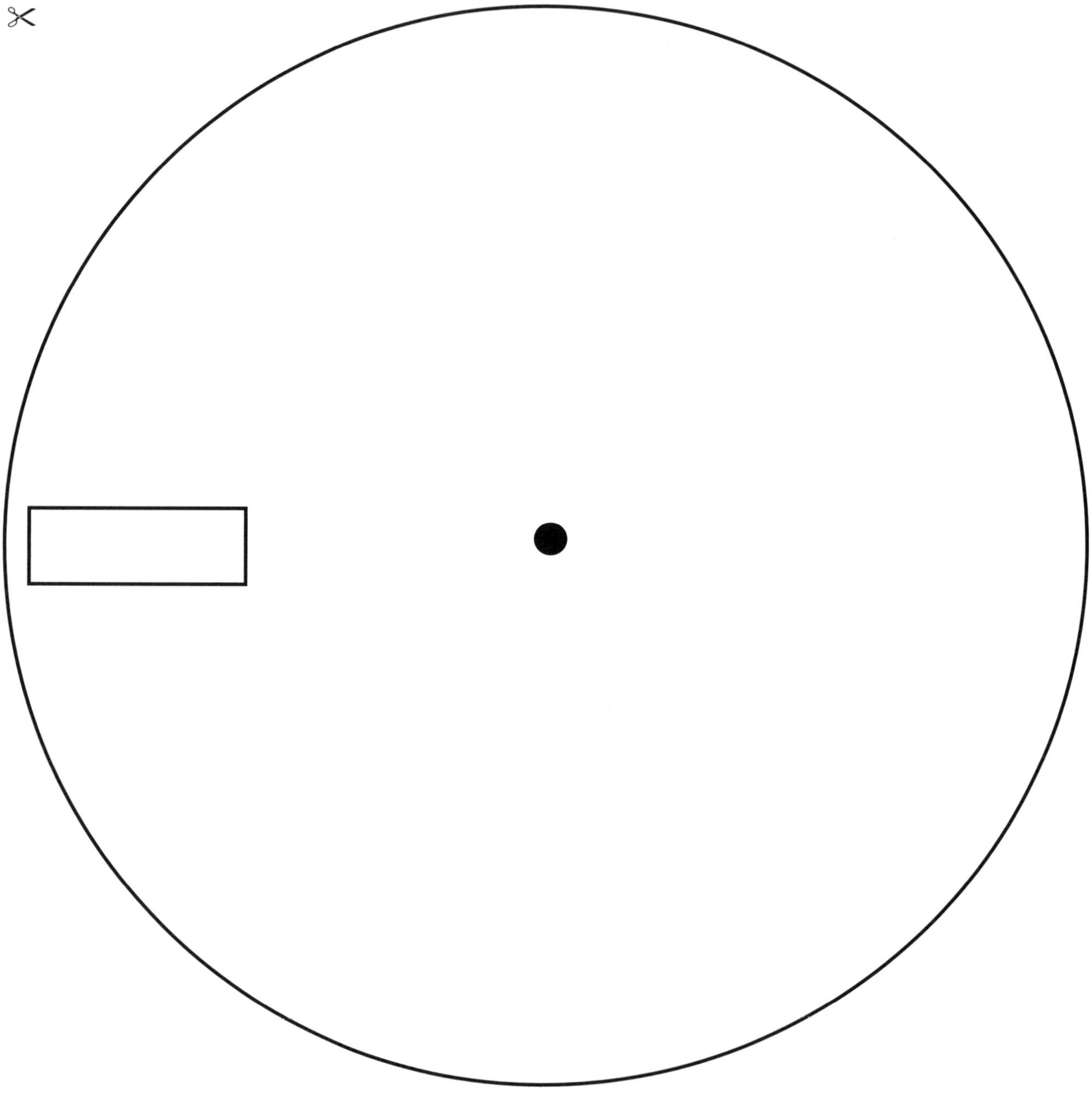

Flaschendrehen mal anders (Umwandlungen)

Aufgaben

(Kreis ausschneiden, Loch in die Mitte stechen, mit Lösungen zusammenkleben)

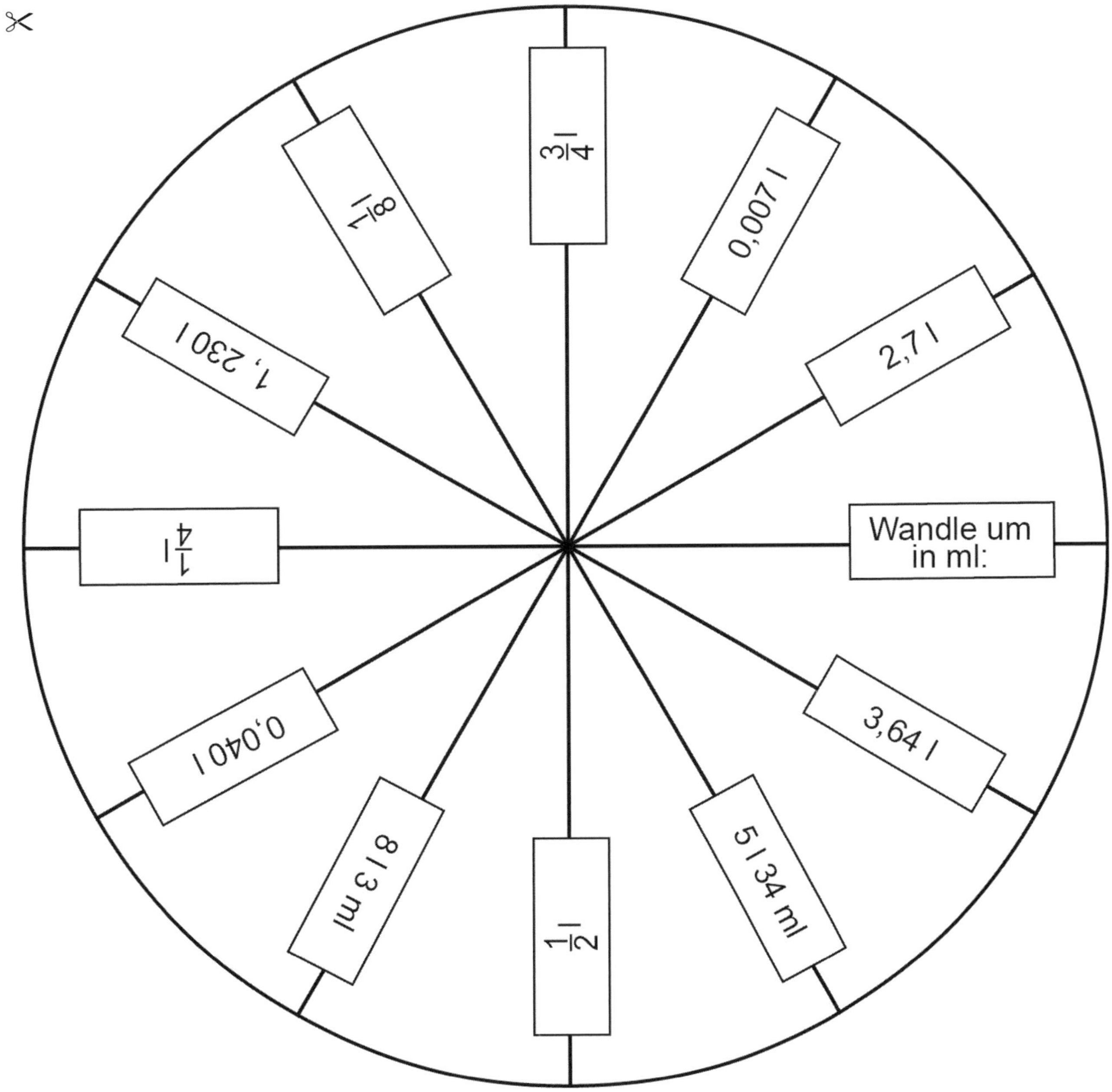

✂

Die Felder des Kreises enthalten:

$\frac{3}{4}$ l

$\frac{1}{8}$ l

1,00 l

1, 230 l

2,7 l

Wandle um in ml:

$\frac{1}{4}$ l

3,64 l

0,040 l

813 ml

5 l 34 ml

$\frac{1}{2}$ l

Flaschendrehen mal anders
(Umwandlungen)

Lösungen
(Kreis ausschneiden, Loch in die Mitte stechen, mit Aufgaben
zusammenkleben, alle 4 Teile mit Klammer in der Mitte verbinden)

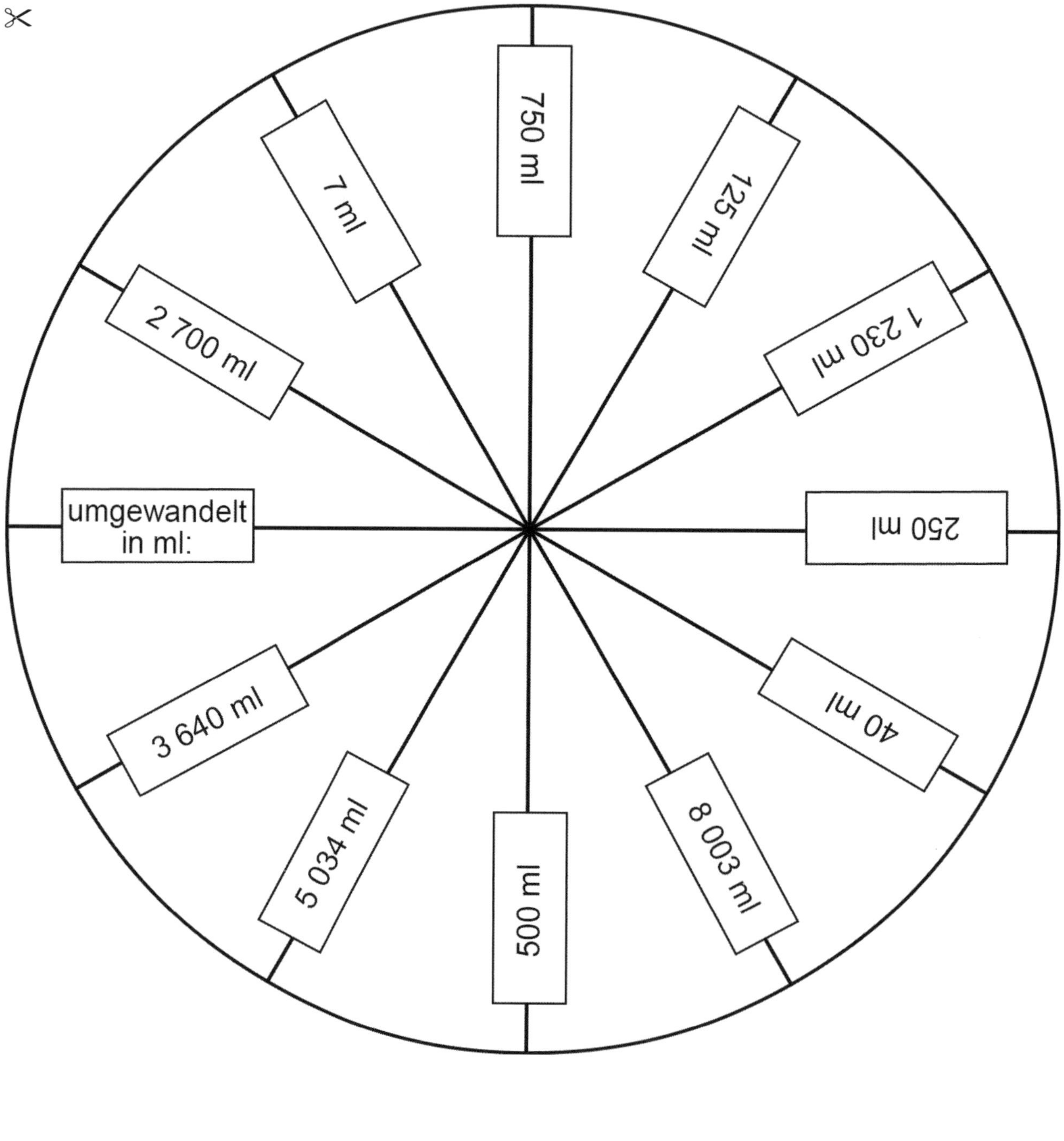

750 ml

7 ml

125 ml

2 700 ml

1 230 ml

umgewandelt
in ml:

250 ml

3 640 ml

40 ml

5 034 ml

500 ml

8 003 ml

Lerntheke Mathematik 3/4 Messen und Größen

4 Hohlmaße vergleichen

4.1 Papierrollen

★★ | 👤

1. a) Schneide ein DIN-A4-Papier in der Mitte durch. Eine Hälfte rollst du von der langen Seite auf und die andere Hälfte von der kurzen Seite. Klebe sie an den Enden mit Klebestreifen zusammen. Du hast nun zwei Papierrollen.

b) Wie sehen die beiden Papierrollen aus?

_____

_____

_____

_____

★★ | 👤

2. a) In welche Papierrolle passt mehr hinein? Vermute.

_____

_____

_____

b) Kontrolliere deine Vermutung. Fülle eine Rolle mit Linsen. Schütte diese Linsen in die andere Papierrolle um. Wie ist dein Ergebnis?

_____

_____

_____

b) Wieso ist dies so? Erkläre.

_____

_____

_____

_____

★ | 👥

3. Besprecht eure Ergebnisse in der Klasse.

Lerntheke Mathematik 3/4 Messen und Größen

KV 8

Lerntheke 5

4.2   Hohlmaße vergleichen

★★ | ⚇

1. Vergleiche. Setze ein: > oder < oder =.

1 l 430 ml	☐	1 320 ml	1,3 l	☐	1 300 ml
4 l 234 ml	☐	4 233 ml	2,7 l	☐	2 007 ml
5 l 200 ml	☐	5 002 ml	0,05 l	☐	5 ml
$\frac{1}{2}$ l	☐	0,2 ml	0,003 l	☐	300 ml
$\frac{1}{4}$ l	☐	0,25 l	2 l 250 ml	☐	$2\frac{1}{4}$ l
$\frac{3}{4}$ l	☐	3,4 l	3 l 350 ml	☐	$3\frac{3}{4}$ l

★★ | ⚇

2. Vergleiche: Trage in die Pfeilbilder passende Gegenstände ein.

hat ein größeres Volumen

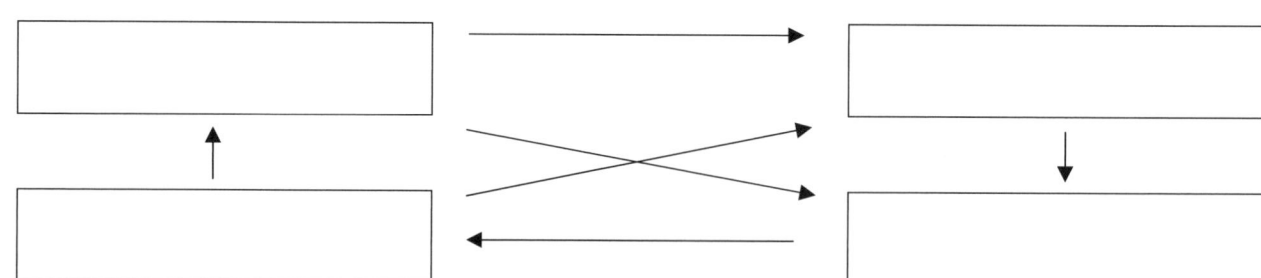

hat ein kleineres Volumen

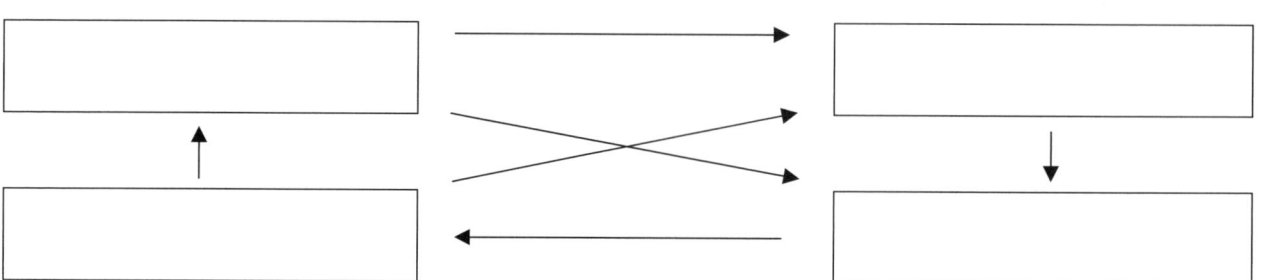

Cornelsen   Lerntheke Mathematik 3/4 Messen und Größen

Lerntheke 5

KV 9

5   Mit Hohlmaßen rechnen

5.1   Einfache Bruchteile

★★ | ♟

1. a) Beschrifte die leeren Felder.

b) Male beim dritten Streifen $\frac{3}{4}$ an.

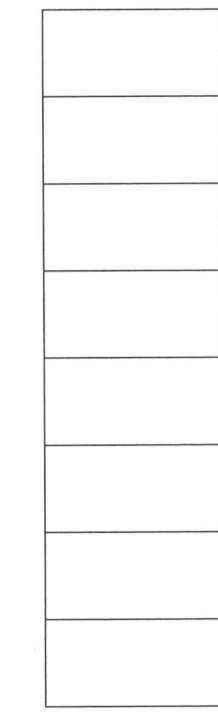

c) Wie viele Felder stehen für $\frac{3}{4}$ beim letzten Streifen? Notiere und zeichne ein.

---

2. Löse die Rechnungen.   Lösungswort: _____

a) $\frac{1}{2}$ l + $\frac{1}{2}$ l = _____ ☐   b) $\frac{1}{4}$ l + $\frac{1}{4}$ l = _____ ☐

c) 1 l – $\frac{1}{4}$ l = _____ ☐   d) 2 l – $\frac{3}{4}$ l = _____ ☐

e) 1 l – $\frac{1}{8}$ l = _____ ☐   f) $\frac{2}{8}$ l + $\frac{3}{8}$ l = _____ ☐

Lösungen:

$\frac{3}{4}$ l = E   1 l = S $\frac{1}{2}$ l = A $\frac{5}{8}$ l = E   1$\frac{1}{4}$ l = F $\frac{7}{8}$ l = T

Cornelsen
Lerntheke Mathematik 3/4 Messen und Größen

Lerntheke 5

KV 10

5.2 Röhrensystem

★★ | 👤

1. Berechne.

370 ml + _____ ml = 1 l

840 ml + _____ ml = 1 l

432 ml + _____ ml = 1 l

1 l – 230 ml = _____ ml

1 l – 740 ml = _____ ml

1 l – 532 ml = _____ ml

$5 \cdot \frac{1}{2}$ l = _____ l

$10 \cdot \frac{1}{2}$ l = _____ l

2 l = _____ $\cdot \frac{1}{4}$ l

$\frac{3}{4}$ l = _____ $\cdot \frac{1}{4}$ l

$\frac{1}{2}$ l + 520 ml = _____ ml

380 ml + $\frac{1}{2}$ l = _____ ml

$\frac{3}{4}$ l + 0,920 l = _____ ml

610 ml + $\frac{3}{4}$ l = _____ ml

0,480 l + $\frac{1}{4}$ l = _____ ml

1,5 l – $\frac{1}{4}$ l = _____ l

$3\frac{3}{4}$ l – 0,5 l = _____ l

2 600 ml – $\frac{3}{4}$ l = _____ ml

2,9 l – 450 ml = _____ l

2,03 l – 210 ml = _____ ml

★★ | 👤

2. Finde nun den richtigen Weg durch das Röhrensystem. Zeichne ihn ein.

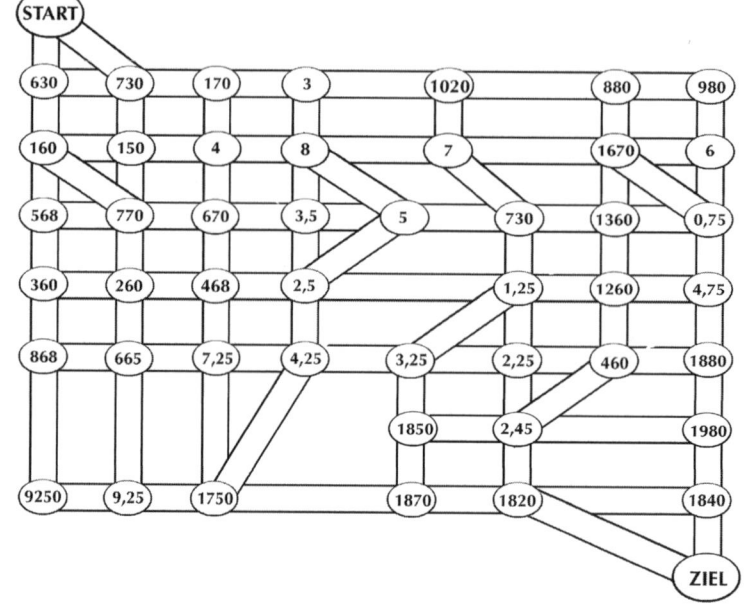

Lerntheke 5

Cornelsen

Lerntheke Mathematik 3/4 Messen und Größen

KV 11

5.3 Hohlmaßwürfel

★★★ | 👤 und 👥

Bastle den Würfel. Spiele mit einem Partner. Einigt euch auf eine Literangabe. Würfelt und überlegt gemeinsam: Wie oft muss ich das Gefäß füllen, um 1 (1,5 / 2 /…) Liter zu bekommen?

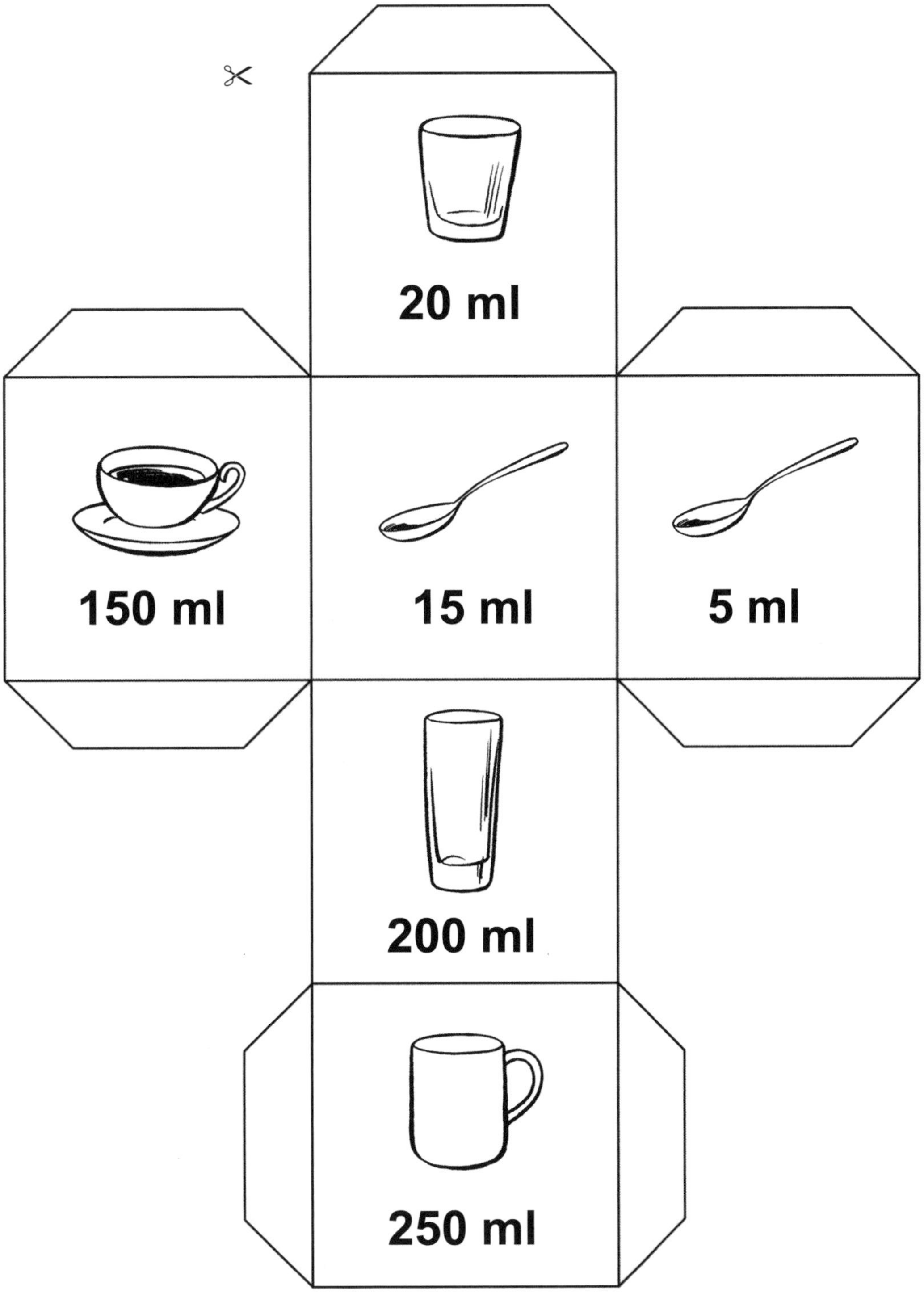

✂

20 ml

150 ml   **15 ml**   **5 ml**

200 ml

250 ml

Lerntheke 5

KV 12

5.4 Sachaufgaben ausdenken

★★★ | 🧍 und 👥

Suche dir zwei Bilder aus. Schreibe jeweils eine Rechengeschichte dazu. Sie soll Hohlmaße enthalten. Denke dir eine Frage aus, berechne und schreibe die Antwort dazu. Lass andere deine Aufgaben rechnen und berechne selbst zwei Aufgaben eines Mitschülers.

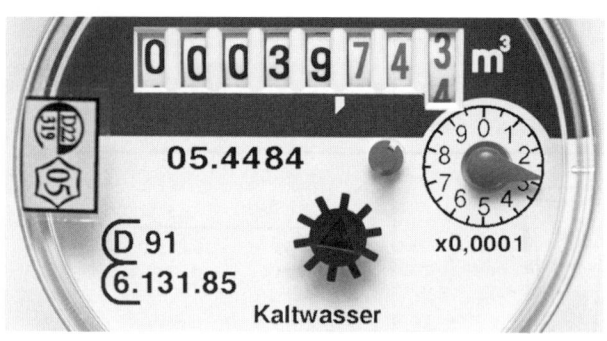

2 Hohlmaße schätzen und messen

2.1 Wie viel passt hinein?

1. a) Schätze die Reihenfolge. Nummeriere die Behälter nach ihrem
Fassungsvermögen. Beginne mit dem kleinsten Behälter.

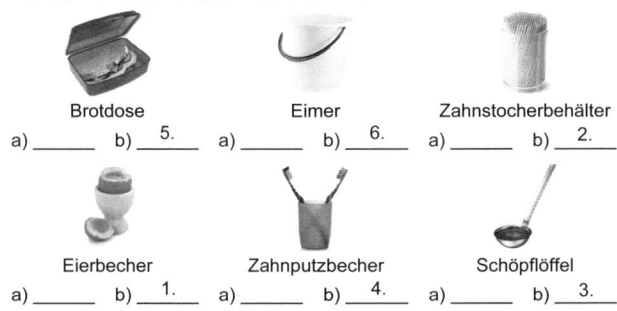

	Brotdose		Eimer		Zahnstocherbehälter
a) ____	b) __5.__	a) ____	b) __6.__	a) ____	b) __2.__

	Eierbecher		Zahnputzbecher		Schöpflöffel
a) ____	b) __1.__	a) ____	b) __4.__	a) ____	b) __3.__

b) Kontrolliere. Fülle in deinen kleinsten Behälter Wasser. Schütte es in
den nächstgrößeren. Fülle ihn mit Wasser auf und schütte diese
Wassermenge weiter in den nächstgrößeren und so weiter. (Gehe nicht
verschwenderisch mit Wasser um!) Nummeriere die Behälter in der
richtigen Reihenfolge neu.

2. a) Schätze, wie viele ml bzw. l in den jeweiligen Behälter passen. Schreibe
in die Tabelle.

Name des Behälters	a) ml / l geschätzt	b) ml / l gemessen
Brotdose		500 ml
Eimer		10 l
Zahnstocherbehälter	Individuelle Lösungen	50 ml (ohne Deckel)
Eierbecher		40–45 ml
Zahnputzbecher		250 ml
Schöpflöffel		125 ml

2.3 1-Liter-Würfel bauen

1. b) In diesen 1-Liter-Würfel passen 1000 Würfel mit einer
Kantenlänge von 1 cm. Wie viele ml Wasser passen in
einen 1-cm-Würfel?

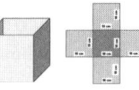

1 000 ml : 1 000 = 1 ml

Zusammenhang zwischen Hohlmaß und Gewicht

2. a) Wiege verschiedene Dinge in deinem 1-Liter-Würfel. Fülle den Würfel
dabei immer bis zum Rand.

3. b) Was erkennst du?

Vorschlag: Die Füllungen haben ein unterschiedliches Gewicht (Masse).

_____

4. a) Lass dir einen 1-Liter-Würfel aus Plastik geben. Wiege ihn. Fülle ihn
nun mit Wasser und wiege ihn gefüllt.

Regel
1 Liter entspricht 1 Kilogramm.
Diese Regel gilt nur bei Wasser.

b) Schau dir einen Messbecher aus der Küche genau an. Erkläre warum
für verschiedene Lebensmittel unterschiedliche Skalen gelten.

Vorschlag: Vergleicht man die Messskalen, so sieht man, dass gleiche

Volumina verschiedener Stoffe unterschiedliche Massen haben können.

2.4 Mengen ablesen und einzeichnen

1. Schreibe die eingezeichneten Mengen unter den Messbecher.

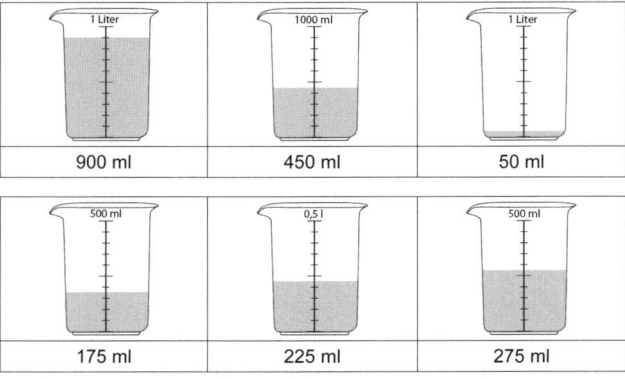

900 ml	450 ml	50 ml
175 ml	225 ml	275 ml

2. Zeichne die Füllhöhen in die Messbecher ein.

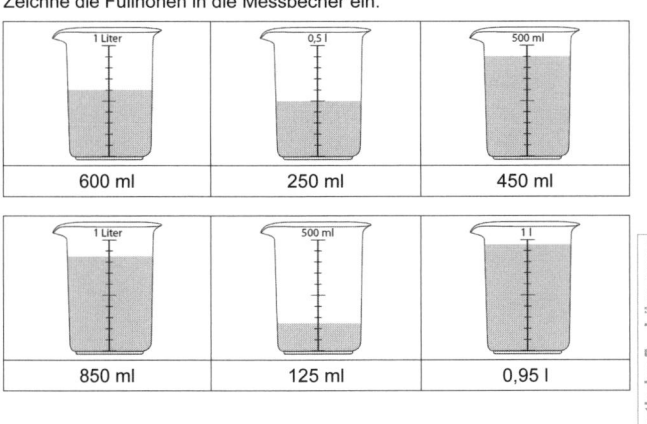

600 ml	250 ml	450 ml
850 ml	125 ml	0,95 l

---

3 Hohlmaße umwandeln

3.1 Stellenwerttabelle

1. Trage die gegebenen Hohlmaße in die Stellenwerttabelle ein.
Schreibe die Angaben anschließend in der gemischten Schreibweise.

	l		ml		
	1	**100**	**10**	**1**	
Bsp.: 2 670 ml	2	6	7	0	2 l 670 ml
a) 1 625 ml	1	6	2	5	1 l 625 ml
b) 763 ml		7	6	3	0 l 763 ml
c) 46 ml			4	6	0 l 46 ml
d) 3 ml				3	0 l 3 ml
e) 3,7 l	3	7	0	0	3 l 700 ml
f) 0,020 l			2	0	0 l 20 ml
g) 1,002 l	1	0	0	2	1 l 2 ml

2. Schreibe die Angaben in der Kommaschreibweise.

	l		ml		
	1	**100**	**10**	**1**	
Bsp.: 4 218 ml	4	2	1	8	4,218 l
a) 1 709 ml	1	7	0	9	1,709 l
b) 729 ml		7	2	9	0,729 l
c) 32 ml			3	2	0,032 l
d) 8 ml				8	0,008 l
e) 3 l 124 ml	3	1	2	4	3,124 l
f) 7 l 13 ml	7	0	1	3	7,013 l
g) 1 l 1 ml	1	0	0	1	1,001 l

4 Hohlmaße vergleichen

4.2 Hohlmaße vergleichen

1. Vergleiche. Setze ein: > oder < oder =.

1 l 430 ml	>	1 320 ml	1,3 l	=	1 300 ml
4 l 234 ml	>	4 233 ml	2,7 l	>	2 007 ml
5 l 200 ml	>	5 002 ml	0,05 l	>	5 ml
$\frac{1}{2}$ l	>	0,2 l	0,003 l	<	300 ml
$\frac{1}{4}$ l	=	0,25 l	2 l 250 ml	=	2 $\frac{1}{4}$ l
$\frac{3}{4}$ l	<	3,4 l	3 l 350 ml	<	3 $\frac{3}{4}$ l

2. Vergleiche: Trage in die Pfeilbilder passende Gegenstände ein.

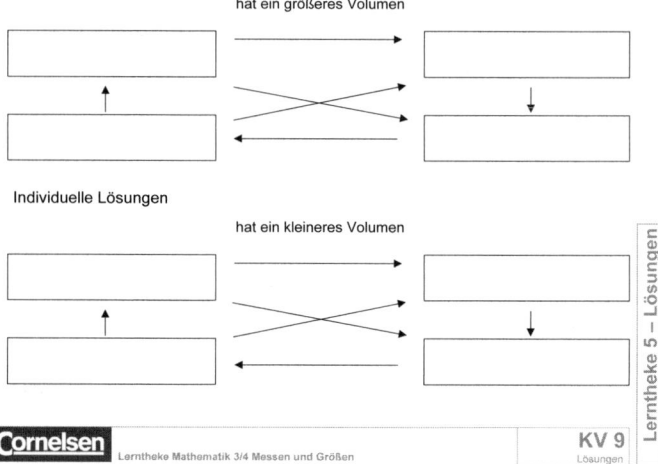

hat ein größeres Volumen

Individuelle Lösungen

hat ein kleineres Volumen

Lerntheke 5 – Lösungen

5 Mit Hohlmaßen rechnen

5.1 Einfache Bruchteile

1. a) Beschrifte die leeren Felder.

b) Male beim dritten Streifen $\frac{3}{4}$ an.

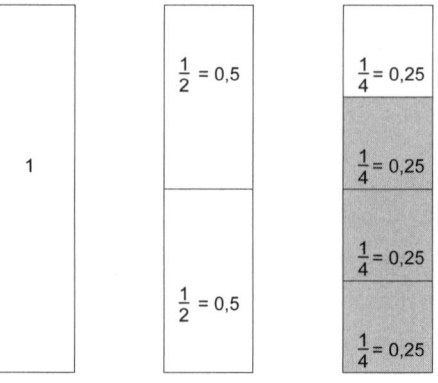

c) Wie viele Felder stehen für $\frac{3}{4}$ beim letzten Streifen?
Es sind 6 Felder.

2. Löse die Rechnungen.   Lösungswort: __Saefte__

a) $\frac{1}{2}$ l + $\frac{1}{2}$ l = __1 l__   S   b) $\frac{1}{4}$ l + $\frac{1}{4}$ l = _____   A

c) 1 l − $\frac{1}{4}$ l = __$\frac{3}{4}$ l__   E   d) 2 l − $\frac{3}{4}$ l = __1 $\frac{1}{4}$ l__   F

e) 1 l − $\frac{1}{8}$ l = __$\frac{7}{8}$ l__   T   f) $\frac{2}{8}$ l + $\frac{3}{8}$ l = __$\frac{5}{8}$ l__   E

Lösungen:
$\frac{3}{4}$ l = E   1 l = S $\frac{1}{2}$ l = A $\frac{5}{8}$ l = E   1 $\frac{1}{4}$ l = F $\frac{7}{8}$ l = T

5.2 Röhrensystem

1. Berechne.

370 ml + _____630_____ ml = 1 l $\frac{1}{2}$ l + 520 ml = ____1020____ ml

840 ml + _____160_____ ml = 1 l   380 ml + $\frac{1}{2}$ l = ____880____ ml

432 ml + _____568_____ ml = 1 l $\frac{3}{4}$ l + 0,920 l = ____1670____ ml

1 l − 230 ml = _____770_____ ml   610 ml + $\frac{3}{4}$ l = ____1360____ ml

1 l − 740 ml = _____260_____ ml   0,480 l + $\frac{1}{4}$ l = ____730____ ml

1 l − 532 ml = _____468_____ ml   1,5 l − $\frac{1}{4}$ l = ____1,25____ l

5 · $\frac{1}{2}$ l = _____2,5_____ l   3 $\frac{3}{4}$ l − 0,5 l = ____3,25____ l

10 · $\frac{1}{2}$ l = _____5_____ l   2 600 ml − $\frac{3}{4}$ l = ____1850____ ml

2 l = _____8_____ · $\frac{1}{4}$ l   2,9 l − 450 ml = ____2,45____ l

$\frac{3}{4}$ l = _____3_____ · $\frac{1}{4}$ l   2,03 l − 210 ml = ____1820____ ml

2. Finde nun den richtigen Weg durch das Röhrensystem. Zeichne ihn ein.

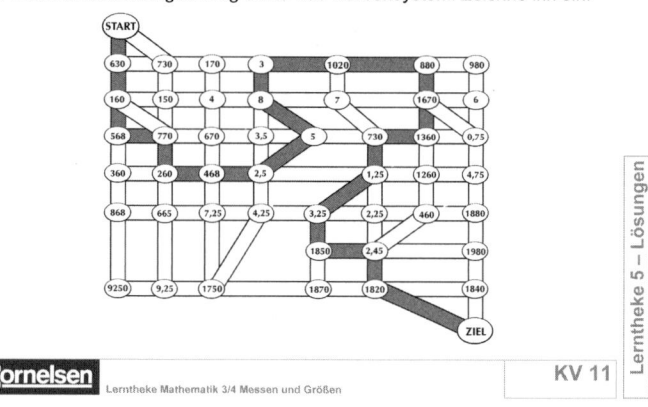

Lerntheke 5 – Lösungen